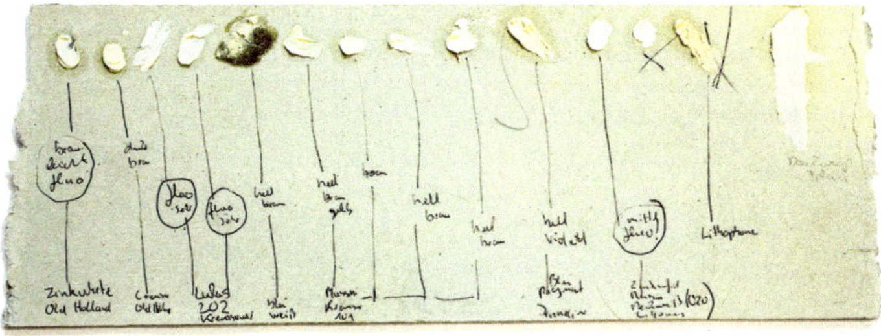
Zinkweiße
Old Holland
202
Lithopone

Versuchsanordnung von Weisspigmenten zur Fluoreszenzanalyse. Die Analyse eines von Wolfgang Beltracchi verwendeten Weiss führte zur Aufdeckung seiner Fälschungen.

Ein Buch von Jeannette Fischer
Für Helene und Wolfgang Beltracchi

Psychoanalytikerin trifft Helene und Wolfgang Beltracchi

Künstlerpaar trifft Jeannette Fischer

Vorwort

«Ich bin viele», sagt Wolfgang Beltracchi, und auf meine Frage, wer er dann selber sei, antwortet er lachend: «Der Rest halt.» Der Antrieb, mit dem Fälscher-Ehepaar Beltracchi viele Gespräche zu führen und dieses Buch zu schreiben, entsprang meiner Neugierde: Ich wollte wissen, wie jemand so gut die Handschrift vieler unterschiedlicher Maler lesen und nachahmen konnte, ja diese Künstler sogar ‹sein› konnte. Und warum er das tat. Das setzt, so dachte ich mir, mehr als die Beherrschung der Malkunst, den gekonnten Umgang mit dem Pinsel voraus. Denn Wolfgang Beltracchi hat nicht etwa bestehende Bilder von Malern gefälscht, sondern lediglich deren Unterschrift unter seinen Bildern. Er hat in der Handschrift zahlreicher Künstler neue Bilder entwickelt und gemalt, hat deren Erzählungen und Biografien fortgesetzt und dann unter diese Bilder die gefälschte Signatur der jeweiligen Künstler gesetzt. Diese Kunstwerke hat Helene Beltracchi danach in den Kunstmarkt eingeführt.

Die Handschrift eines Malers zu lesen, setzt eine aussergewöhnliche Bereitschaft und Fähigkeit voraus, sich in diesen Menschen einzufühlen. Das kann man nicht einfach. Diese Fähigkeit muss erworben, jahrelang verfeinert und erprobt werden. Bis es so weit kommt, dass man «das Empfinden des anderen empfinden» kann, wie es Wolfgang Beltracchi über sich selbst sagt. In diesem Buch setze ich seine Fähigkeit, das Empfinden anderer zu empfinden, in einen Zusammenhang mit seinem Verschwinden, mit dem Verschwinden des Künstlers Wolfgang Beltracchi, seiner eigenen Signatur.

Wolfgang Fischer und Helene Beltracchi heirateten 1992. Von da an übernahm Helene Beltracchi die Aufgabe zu recherchieren und die Bilder, die ihr Mann gemalt hatte, in den Kunstmarkt einzuschleusen. Zuvor hatte er sein ‹Geschäft› zwanzig Jahre lang alleine betrieben. Vom Fälschen lebten die beiden sehr gut; sie zogen Kinder gross und genossen die Freiheit, das zu tun, was sie tun wollten.

Unsere gemeinsamen Gespräche bilden die Grundlage meiner Thesen in diesem Buch. Sowohl Wolfgang als auch Helene Beltracchi sind im Nachkriegs-Deutschland geboren und aufgewachsen, sie sind die Nachkommen einer traumatisierten und schweigsamen Generation. Ich stelle einen Zusammenhang her zwischen dieser äusseren geschichtlichen Gegebenheit, die das Innere der Menschen prägte, und der Fähigkeit Wolfgang Beltracchis, Bilder in der Handschrift früherer Künstler zu malen. Mehr noch: schöne Bilder zu malen, denn er wollte, das war ihm wichtig, nur schöne Bilder malen. Dass Helene Beltracchi in diesem Buch nur am Rande vorkommt, entspricht nicht meiner Absicht, sondern vielmehr ihrem Wunsch.

Mein Dank geht an Jasmin Vetsch für die tadellose Transkription der aufgezeichneten Gespräche, an Erica Meier für die kritische Prüfung meines Textes, Sarah El Bulbeisi für erweiternde Gedanken und Marc Philip Seidel für die Idee zu diesem Buch und die erste Kontaktaufnahme mit dem Ehepaar Beltracchi.

Im Gefängnis

Im landläufigen Sinn sind sie Kunstfälscher, aber diese Definition ist wirklich sehr landläufig und sehr kurz gegriffen. Angeklagt worden sind Helene und Wolfgang Beltracchi wegen Urkundenfälschung. 2011 wurde sie zu vier Jahren Haft verurteilt, er zu sechs Jahren. Sie ist seit Januar 2013 wieder auf freiem Fuss, er seit Januar 2015.

Die strafbare Tat der beiden: Wolfgang Beltracchi hat Bilder in der Handschrift berühmter und bereits verstorbener Künstler gemalt, und Helene Beltracchi hat diese Bilder in den Kunstmarkt eingeschleust, sprich: sie als Originalwerke der jeweiligen Künstler verkauft.

Wolfgang Beltracchi hat jedoch nicht bestehende Bilder kopiert, sondern neue gemalt, einfach im Stil von bekannten Künstlern. Folglich ist jedes Gemälde seine Schöpfung, sein Werk. Und es sind *seine* Werke, unter die er dann einfach falsche Namen gesetzt hat. Also hat vordergründig nicht er sie gemalt, sondern waren andere am Werk. Seine Arbeit unter diesem Gesichtspunkt zu betrachten, führt zu ganz anderen Erkenntnissen, als wir es von der ‹klassischen›

Kunstfälschung gewohnt sind. Wir sehen Wolfgang Beltracchi nicht ausschliesslich als Maler, der das Werk anderer Maler fälscht. Wir setzen nicht die bekannten verstorbenen Künstler ins Zentrum. Wir finden noch andere Aspekte wichtig als den Schutz der einmaligen, viel gerühmten und im monetären Wert immer bedeutungsvolleren Werke dieser Künstler. Oder den Schutz der Künstler selbst, denen postum Unrecht getan wurde. Das alles hat auch seine Berechtigung; dafür gibt es Gesetze, die verbieten, dass unter ein Dokument oder unter ein Bild ein Name gesetzt wird, der nicht der eigene ist, erst recht, wenn dieser als Urkundenfälschung definierte Vorgang einen grossen Verkaufserlös garantiert.

Doch das ist nur die eine Seite der Geschichte. Diejenige, für die es Gesetze und Strafen gibt. Keine Gesetze hingegen gibt es für einen Kunstmarkt, der Wolfgang Beltracchis Werke gierig aufgesogen und damit einen sehr erfolgreichen Handel getrieben hat. Es sind Werke, die alle Beteiligten reich und glücklich gemacht haben.

Wolfgang Beltracchi
in der Handschrift von Max Ernst:
Forêt I

max ernst

Wolfgang Beltracchi
in der Handschrift von Max Ernst:
Forêt II

WB *Und, wie war es? Wie fand Spies*[1] *den ‹Forêt›*[2]*?*

HB *Er fand ihn toll, er hat das Bild akzeptiert und schrieb eine Expertise.*

WB *Hat er etwas gemerkt? Ist er uns auf die Schliche gekommen?*

HB *Ich weiss nicht, ob er wirklich vom Bild überzeugt war oder es nur gespielt hat. Ich kann nicht in ihn hineinsehen.*

Die beiden bezahlten in diesem Fall die Rechnung für das Gutachten des Kunstexperten, einen ansehnlichen Betrag über 140 000 Euro. Sie wissen bis heute nicht, ob es das eigentliche Honorar oder ein Stillhaltepreis war. Das dem deutschen Maler Max Ernst nachempfundene Bild ging durch verschiedene Hände und wurde knapp drei Jahre später für sieben Millionen Dollar an einen Sammler verkauft. Der Erlös des ersten Verkaufs ging an die Beltracchis, insgesamt 1,7 Millionen Euro. Die Witwe von Max Ernst sagte – so zitierte sie zumindest Werner Spies in einem Fernsehinterview –, dass dieses Werk eines der schönsten Waldbilder ihres verstorbenen Ehemannes sei.

Für ein Gemälde mit der Signatur des französischen Fauvisten André Derain wurde den Beltracchis 2005 die Summe von 1 999 950 Euro überwiesen.

Anschliessend verkaufte es die Galerie in London weiter für 6,2 Millionen Dollar.

«Eine Handschrift zu lesen bedeutet,
jede Bewegung des Körpers sehen
und spüren, die Verfassung des Malers
am Strich ablesen zu können.»

Das Verschwinden

Dass unter einem Bild, das Wolfgang Beltracchi gemalt hat, nicht sein eigener Name steht, sondern ein anderer, der eines berühmten Malers, verdient deswegen eine besondere Betrachtung, weil der Künstler so seinen eigenen Namen zum Verschwinden gebracht hat. Stellen wir uns vor, wir malen ein Bild, das es bis anhin nicht gegeben hat, in der Handschrift eines berühmten Künstlers. – Es ist den beiden wichtig, dass ich hier nicht das Wort ‹Stil›, sondern den zutreffenderen Begriff ‹Handschrift› benutze: ‹Stil› sei eine kunstgeschichtliche Einordnung, während ‹Handschrift› sich nicht um den Stil kümmere. – Stellen wir uns also vor, wir malen ein Bild in der Handschrift eines berühmten Künstlers, ein Bild, das wir imaginiert haben, eine Geschichte, die wir malerisch erzählen, und setzen dann eine andere Signatur als die eigene darunter. An dieser Stelle spricht das Gesetz, zu Recht, von Urkundenfälschung. Nehmen wir jedoch die Position von Wolfgang Beltracchi ein, so bedeutet dies, dass er seine eigene Identität, zumal seine künstlerische Identität, zum Verschwinden gebracht hat. Dieser kurze Moment der

Unterschrift, auf den er vermutlich stundenlang hingearbeitet hatte, dieser kurze Moment, in dem der Betrug begann und das Künstler-Ich verschwand, in dem das präsente Ich sich und seiner Familie ein Einkommen verschaffte – dieser kurze Moment bedeutete einen Spagat, den er, zusammen mit seiner Frau, fortan auszuhalten hatte.

Die Bilder, die Wolfgang Beltracchi gemalt und seine Frau Helene verkauft hat, sind seine Kreation. Er hat sie gemalt, und zusammen haben sie viel Geld damit verdient – gerade weil er seinen Namen zum Verschwinden gebracht hat. So wage ich es, eine Gleichung aufzustellen: Das Verschwindenlassen seiner Identität ermöglichte Wolfgang Beltracchi die Sicherung der Existenz, seiner eigenen, der seiner Frau und seiner zwei Kinder. Das Ehepaar Beltracchi hat gut gelebt, an sich bescheiden; das Geld, das die beiden erwirtschafteten, sicherte ihnen Unabhängigkeit und die Freiheit, so zu leben, wie sie es sich wünschten. Sie sind viel gereist – «Kulturreisen» nennen sie es schelmisch –, haben Museen überall auf der Welt besucht und sich ein schönes Gut in Südfrankreich gekauft, in dem sie bis zu ihrer Verhaftung lebten. Hier sind auch die Kinder zur Schule gegangen.

WB *Fälschen war eine Nebensache. Das Verkaufen der Produkte machte uns Spass, wir hatten den Kick dabei, wir sind reich geworden, mussten uns nie anpassen. Ich konnte malen, und auch das Recherchieren hat uns grossen Spass gemacht. Im Fälschen war einfach alles vereint. Auch tagelang am Pool herumhängen und lesen und träumen und schlafen. Und eben, ab und zu fälschen, um Geld zu organisieren.*

Der Paradigmenwechsel in der Sicht der beiden Beltracchis auf ihre Taten scheint mir insofern wichtig und interessant, als das Malen in der Handschrift eines anderen Künstlers eine grosse Bereitschaft und Fähigkeit voraussetzt, sich in diesen anderen einzufühlen, sich in ihn hineinzudenken, Teil von ihm zu werden, ohne in ihm verloren zu gehen. Und ohne die eigene Identität aufzugeben, obgleich das eigentlich fast eine Voraussetzung ist, um sich in einen Künstler einfliessen zu lassen, so weit, bis man fast er selber wird. Unter diesem Aspekt betrachtet, kann ich es gut verstehen, dass Wolfgang Beltracchi sagt, ohne Kunst zu schaffen, würde er sterben oder verrückt werden. Denn diese Art des Schaffens, das Material, das er braucht, das Sujet, das er wählt, geben ihm einen Rahmen, in dem er seine Geschichte erzählen beziehungsweise die Geschichte des jeweiligen Malers, dessen Handschrift er nachahmt, fortsetzen kann. Und dieser Rahmen schützt ihn gleichermassen davor, sich selbst zu verlieren, vielleicht sogar davor, in die Verlorenheit zu zerfliessen. Künstlerisch tätig zu sein, ist für Wolfgang Beltracchi also eine Lebensnotwendigkeit.

Die gemalten Erzählungen von Wolfgang Beltracchi beginnen genau dort, wo jene der Maler aufhören. Sowohl Wolfgang als auch Helene Beltracchi tauchten genüsslich in ihre Recherchen zum Leben und Werk der auserkorenen Maler ein, sie durchwühlten damalige Tageszeitungen und Magazine, Briefe, Tagebucheinträge und vieles mehr. Und an einem bestimmten Punkt liess Wolfgang Beltracchi seinen eigenen Assoziationen freien Lauf. Hier nun entstand *sein* Bild, hier sah er *sein* Bild im Kontext der Bilder und des Lebens des anderen Malers. Helene Beltracchi sagt, dass sie alle Schritte gemeinsam gegangen sind bis zu diesem Punkt, an dem Wolfgang sein Bild sah – hier überliess sie das Weitere ihm, denn sich ein Bild vorzustellen, ein Bild zu sehen, bevor es auf der Leinwand ist, das könne sie nicht.

HB *So weit «reisen» wie Wolfgang kann ich nicht. Ich höre ihm zu - er ist ja ein Geschichtenerzähler -, und dann kann ich mir die Szene auch gut vorstellen. Aber ich merke immer wieder, dass Wolfgang tatsächlich in der «Geschichte» drin ist, dass er wirklich spürt, was er erzählt und dann malt. Er erzählt malenderweise gefühltes Leben, das des anderen und auch seines. Wenn du kunsttheoretische Fakten über ein Werk hörst, dann bleibst du aussen vor, weil dich das nicht berührt. Bei den Bildern von Wolfgang reisst das Band zu den Gefühlen jedoch nicht ab, du bist mittendrin. Das finde ich immer so schön.*

WB *Warum soll ich mich auf einen Stil, eine Handschrift beschränken, wo mir doch so viele zur Verfügung stehen, aus deren Reichtum ich schöpfen und von denen ich viel lernen kann? Die Künstler, deren Handschriften ich übernommen habe, tun mir ihre Sicht auf die Welt kund, die wiederum auf mich wirkt. Warum soll ich nicht die Handschrift eines anderen nutzen, seine Technik und seinen Rhythmus, um genau das auszudrücken, was ich möchte?*

Wolfgang Beltracchi zweifelt keinen Augenblick daran, dass das Bild, das er kreiert hat, Teil des Schaffens des Künstlers ist, dessen Handschrift er kopiert hat. Es gehört nun zu diesem Künstler. Er hat somit das Werk eines anderen Malers bereichert und komplettiert. Diese Fähigkeit, sich einzulassen, wurde bis anhin ausschliesslich in einem juristischen Narrativ der ‹Fälschung› betrachtet. Selbstverständlich bleibt es von Gesetzes wegen ein Vergehen, weil es nicht rechtens ist, eine andere Signatur als die eigene unter ein Bild zu setzen, das dann dem imitierten Künstler zugeschrieben wird. Es ist mir jedoch ein Anliegen, hier ein weiteres Narrativ ins Spiel zu bringen, nicht um das Ehepaar in Schutz zu nehmen, sondern um es etwas besser verstehen zu können. Um vielleicht einen Eindruck zu erhalten, warum das Verschwindenlassen des eigenen Ich der Bereicherung und Vervollständigung anderer dienen kann und wie dabei gleichzeitig diejenigen, die das Werk von Künstlern, den Kunstmarkt und die Kunstsammler bereichern – sprich: das Ehepaar Beltracchi – ganz und gar nicht zu kurz kommen.

Der Krieg

Wolfgang Beltracchi, Jahrgang 1951, war das letzte von fünf Kindern, die jeweils im Abstand von sieben beziehungsweise einmal von zwei Jahren auf die Welt kamen. Und er war das einzige dieser Kinder, das nach dem Krieg geboren wurde. Er wuchs also in einer Familie auf, in der alle den Krieg miterlebt hatten: seine Geschwister als Jugendliche, Kinder und Kleinkinder, seine Mutter, alleinerziehend und von der Stadt aufs Land evakuiert, sein Vater als Soldat in Stalingrad, dann an der Westfront und schliesslich als Kriegsgefangener für vier Jahre in Frankreich.

In einer solchen Familie aufzuwachsen, bedeutete für Wolfgang Beltracchi, sich in einer Dynamik wiederzufinden, in der er als Einziger vom Krieg verschont geblieben war. Auf Anhieb könnte man meinen, dass dieser Umstand sein Glück war, was in dem Mass zutrifft, als sich jeder glücklich schätzen kann, der einen Krieg nicht miterleben muss. Doch ist die psychische Belastung eines Kindes, dessen Familie traumatisiert und vom Krieg gezeichnet ist, enorm.

In der Zeit von Wolfgang Beltracchis Geburt beginnt der Aufschwung Deutschlands, das Wirtschaftswunder rollt an. Das Kind wächst in einer Zeit voller Hoffnung und Zuversicht auf. Da gibt es kaum noch Trümmer, und da wird auch nicht mehr über den Krieg und die Not, die Zerstörung, die Gräuel, die er mit sich gebracht hatte, gesprochen. Alles konzentriert sich darauf, die Zukunft zu gestalten beziehungsweise sie zu ermöglichen. Doch die innerlichen Trümmer lassen sich nicht so einfach aus der Welt schaffen. Die Entbehrungen, die Ängste, die Gefühle der Ohnmacht und der Verlorenheit, die Wut, die Trauer und nicht zuletzt die ständige Angst, getötet zu werden, bleiben im Schweigen einer ganzen Generation eingeschlossen.

Auch in dieses Schweigen hinein wird Wolfgang Beltracchi geboren. Der Vater spricht nur noch das Nötigste, das, was im familiären Alltag unumgänglich ist: Er erteilt Befehle, gibt Anweisungen, der Rest ist Sprachlosigkeit. Die Mutter hält sich an den Letztgeborenen. Er sei verwöhnt worden von der Mutter, das bestätigen die Geschwister und auch seine Frau Helene. Bis zu seinem sechsten Lebensjahr bleibt die Familie in dem Ort, in den die Mutter mit den damals vier Kindern vor dem Luftkrieg in den Städten evakuiert worden ist. Die Mutter arbeitet dort als Lehrerin für die Kinder eines Gutsherrn und bekommt dafür Brennholz und Essen. 1957 kann die Familie in ihre alte Heimat, die Kleinstadt Geilenkirchen nahe Aachen, zurückkehren.

Wolfgang Beltracchis Mutter stammte aus gutbürgerlichem Haus, machte als eines von zwei Mädchen ihres Jahrganges das Abitur, wurde Lehrerin und heiratete einen Künstler, Maler und Kirchenrestaurator. Einen schönen Mann, wie Helene und Wolfgang Beltracchi beteuern; der habe noch im Altersheim gut ausgesehen und auch dort nicht aufgehört, Frauen zu betören. Viel getrunken habe er, und alle Kinder hätten die Mutter geliebt, den Vater aber verachtet. Die Eltern haben beide Jahrhundertkriege erlebt, den ersten als Kinder und den zweiten als Erwachsene in ihren Dreissigern. Im besten Alter also, im Alter des Aufbruchs, im Alter der Zukunftsaussichten, im Alter der Gesundheit und Beweglichkeit. Als Helene und Wolfgang Beltracchi beschlossen, den Millenniumswechsel in Thailand zu verbringen, waren sie nur wenig älter als ihre eigenen Eltern damals im Zweiten Weltkrieg.

WB *Nach einer sehr langen Reise von Südfrankreich nach Thailand, die statt einiger Stunden wegen Streiks und einer überforderten Reiseagentur mehrere Tage dauerte, landeten wir zufällig in einem der besten Hotels in Thailand, wo wir mit den Kindern den Millenniumswechsel feierten. Thailändische Prominenz war anwesend, das Buffet war überladen mit Gerichten aus aller Welt, das Symphonieorchester spielte, die Kinder tollten in der Anlage herum und Lene und ich waren einfach glücklich und entspannt.*

HB *Nach dem Fest wurde es ruhig. Wir blieben einen Monat dort, haben den Luxus genossen, machten mit den Kindern Ausflüge und freuten uns an der herrlichen Natur.*

Das Leben von Wolfgang Beltracchis Eltern ist von zwei Kriegen aufgesogen worden, sie blieben traumatisiert zurück. Vergleichen wir nun die Zeit dieser Eltern, als sie jung waren und kleine Kinder hatten, mit jener unbeschwerten Zeit von Helene und Wolfgang Beltracchi im ähnlichen Alter einschliesslich ihrer Kinder, dann können wir uns gut vorstellen, dass hier Schuldgefühle entstanden sind, weil sie das Leben in vollen Zügen geniessen, in ferne Länder reisen und Geld ausgeben konnten, während den Eltern all das verwehrt geblieben war. Dieses Geld wiederum haben sie auf eine aufregende, herausfordernde und auch genüssliche Art und Weise verdienen können im gleichzeitigen Wissen, dass ihre Eltern all diese Annehmlichkeiten ihr ganzes Leben lang entbehren mussten. Nein, noch mehr: Sie mussten um ihr Überleben kämpfen. Das alles stürzte die nächste Generation in Konflikte, in Schuldgefühle, weil sie von Krieg und Not verschont geblieben war, es stürzte sie in das Dilemma, mit jedem Genuss die vom Krieg Gezeichneten zu verraten. Wolfgang Beltracchi sagt dazu, er denke in vielen Situationen, auch heute noch, immer wieder: «Wie hätte das doch der Mutter gefallen.» Er denke daran, sie zu verwöhnen und an seinem Geld und seinen Aktivitäten teilhaben zu lassen.

In einer solchen Dynamik aufzuwachsen, bedeutete für das Kind Wolfgang, das Trauma mittragen zu müssen, ohne dass je über dessen Ursachen gesprochen wurde und ohne dass die Eltern dieses Mittragen bewusst gewünscht hätten. Ein Kind spürt die Not der Eltern, es fühlt ihre Wunden, es nimmt wahr, dass da ein Leck im Boot ist. Das Kind wird versuchen – gerade weil es seine Eltern liebt –, mit allen ihm zur Verfügung stehenden Mitteln dieses Leck zu reparieren. Es wird versuchen, die von einem Leben im Krieg überforderten Eltern zu stabilisieren beziehungsweise die Familie nicht zu destabilisieren; ja, es wird versuchen, sie glücklich zu machen. Es wird sich auch bewusst dessen gewahr werden, dass es das fragile emotionale Gleichgewicht der Familie mit zu viel Lebendigkeit stören könnte.

Wolfgang Beltracchi erzählt, dass er bis zu seinem sechsten Lebensjahr wenig gesprochen und viel geträumt habe. Er habe stundenlang ruhig sitzen und träumen können. Wir können mit Sicherheit davon ausgehen, dass er als Kind sehr oft allein war, da seine Schwester vor ihm sieben und sein Bruder 14 Jahre älter waren als er. Die anderen Geschwister waren bereits erwachsen. Er sei viel im nahen Wald gewesen, erzählt Wolfgang Beltracchi. Er sei in der Nacht schlafgewandelt und dünn und bleich gewesen, was die Eltern veranlasst habe, ihn als Zehnjährigen zu den Tanten in den Niederlanden in die Ferien beziehungsweise zur Kur zu schicken. Hier, im Kunstmuseum in Den Haag, hatte er seine erste Begegnung mit einem Gemälde, einem des niederländischen Malers Hendrick Avercamp, der im 16. Jahrhundert viele Winterszenen gemalt hatte. Wolfgang Beltracchi schloss ihn sofort in sein Bubenherz. Avercamp sollte später der erste Maler sein, dessen Unterschrift er fälschte.

Neben dem Mittragen des elterlichen Traumas gab es eine weitere Belastung, mit der sich dieses Kind auseinanderzusetzen hatte, und zwar von Anbeginn an: die Schuld, sich ein vom Krieg unbelastetes Leben erlauben zu dürfen. Auch hier – das gilt es nochmals festzuhalten – spielte sich alles auf der unbewussten Ebene ab, nicht zuletzt, weil die Eltern, und mit ihnen Millionen anderer Eltern, keine Sprache fanden für das, was sie durchgemacht hatten. So tradierte sich dieses ganze Elend im Schweigen in eine Generation hinein, die unbelastet, frisch und munter auf die Welt kam, wie die meisten Kinder schreiend und voller Lust, jegliche Unlust zu beseitigen.

Die Nachkriegsgeneration fühlte sich also schuldig, weil sie unbeschwert aufwachsen konnte. Sie fühlte sich – unbewusst und später wohl bewusst – schuldig, weil sie einer Zukunft entgegenblicken konnte, die eine Zukunft genannt werden durfte, eine, die Wachstum und Entwicklung ermöglichte, positive Perspektiven bot und nicht Angst, Not und möglicherweise sogar Tod bedeutete. Dass all das den Eltern verwehrt geblieben war, vermochte die Nachkriegsgeneration – auch ohne explizite oder implizite Vorwürfe – durchaus in Gewissenskonflikte zu stürzen, nicht zuletzt deshalb, weil die Kriegsgeneration, die selber mit ihrer Schuld an den Kriegsgräueln und mit Ohnmachtsgefühlen zu kämpfen hatte, diese Gefühle nicht thematisierte. Wer hätte überhaupt zugehört? Es gab keine Ansprechpersonen, keine Foren, die zugehört hätten, alle waren ja Teil des Krieges gewesen und nun gemeinsam damit beschäftigt, diese Vergangenheit möglichst schnell zu vergessen und an der Zukunft zu arbeiten. So wurde all das, was sich im Schweigen der Kriegsgeneration verbarg, an die Kinder weitergegeben.

Das Kind fällt nun hinein in diese inneren Nöte der Eltern, es fällt hinein in die Ohnmacht, die Verzweiflung, die Schuld und die Ängste, die diese Generation geprägt haben, eine Generation, die sich ins Schweigen zurückgezogen hat. Der Kern eines jeden Traumas ist das Schweigen – und in diesem Schweigen werden Schuld- und Ohnmachtsgefühle und auch Ängste tradiert. Wolfgang Beltracchi aber ist bekannt dafür, dass er keine Angst hat. Er sagt es immer wieder: «Ich kenne keine Angst.» Das hat mich mehr als in Erstaunen versetzt, und ich habe mich gefragt, wie das möglich sein kann? Ich vermute, dass seine Angst keinen Platz gefunden hat, dass sie sozusagen unter den Todes- und Existenzängsten der Eltern verschwunden ist. Seine Ängste hatten zu verschwinden, weil es den traumatisierten Eltern – und traumatisiert, damit überfordert waren damals fast alle Menschen in Deutschland – sehr schwerfiel, mit ihren Kindern emotional zu interagieren, sie zu trösten, zu beschützen und ihre Ängste zu beruhigen.

Angst ist ein Teil des Lebens, unseres Alltags, und gerade die Ängste der Kinder müssten beruhigt werden, damit die Welt sie nicht überfordert. Ich vermute jedoch, dass es Wolfgang Beltracchi war, der als Kind keinen Versuch unterliess, die Eltern zu beruhigen, sie zu entlasten von ihren Ängsten und, noch mehr, sie glücklich zu machen. Mit anderen Worten: sie zu reparieren. In der Psychoanalyse nennen wir diese Rollenumkehr Parentifizierung: Das Kind übernimmt den Eltern gegenüber elterliche Funktionen.

«Mein Engel, gleich ist es Mittag, ich bin zurück von Franziskas[3] Besuch.» So beginnt der Brief von Wolfgang Beltracchi an seine Frau Helene, den er am 4. Oktober 2010 im Gefängnis geschrieben hat. «Es ging sehr gut, ich habe nicht geheult. Unser Mäuschen ist toll. Wie schön sie aussah mit ihrer Schlabberjeans. (…) Es war schon ein Schock, als ich durch den Flur kam und die Kabine betrat, und da war sie dann. Es war schwer, nicht in Tränen auszubrechen. Ich habe sie lange fest gedrückt und an ihren Haaren geschnuppert, tief ihren Geruch eingesogen. So konnte sie meine Tränen nicht sehen. Ich habe mich ein wenig dumm verhalten, habe zu ihr gesagt: ‹Oje, noch mehr Schokolade, ich kann nicht mehr!› Dabei hatte sie all diese Herrlichkeiten stolz vor mir auf dem Tisch aufgebaut. Manchmal bin ich einfach zu blöde. Ich Esel!»[4]

Wenn ein Kind die Eltern beruhigt, tröstet und versucht, sie möglichst nicht mit seinen eigenen Problemen zu belasten, dann kann es durchaus so weit kommen, dass dieses Kind die eigenen Bedürfnisse und Wünsche hintanstellt und vielleicht sogar zum Verschwinden bringt. Es gilt, die delikate familiäre Stabilität zu wahren. Eine instabile Familie wird für das Kind belastend sein, also wird es kein Risiko eingehen. Das alles wusste auch der kleine Wolfgang intuitiv, und er handelte dementsprechend.

Die Lücke

Wolfgang Beltracchi sagt von sich, dass er «das Empfinden des andern empfinden kann». Mit dieser Fähigkeit wird man nicht geboren, die muss erlernt sein. Sie zu erwerben, ist nicht unbedingt erstrebenswert, weil ein grosser Teil des eigenen Ich zurückgestellt beziehungsweise reserviert werden muss für den Auftrag, das elterliche Wohlbefinden zu regulieren. Später wird Wolfgang Beltracchi mit genau dieser Fähigkeit das Fälschen gelingen: Er wird sich hineinfühlen in den Künstler, das eigene Ich hintanstellen und zusammen mit Helene monatelang recherchieren, um dem Leben dieses Künstlers, dem inneren und äusseren, näher zu kommen. Sie werden seine «Lücke» finden und Wolfgang Beltracchi wird diese «Lücke» füllen mit einer Geschichte, die er erfindet und die zum Leben und Arbeiten des Künstlers passt. Bei ihren Recherchearbeiten suchten sie das Bild, das im Werk des Künstlers fehlte, die «Lücke».

WB *Bei Max Ernst etwa war das sehr typisch. Er hat immer Serien gemalt, auf eine ganz bestimmte Art. In einer*

Serie hat er zum Beispiel Horden gemalt und in der nächsten Wälder. Eigentlich fehlte nun ein Gemälde mit Horden und Wäldern zusammen. Wir könnten es Übergangsbild nennen. Und das ist dann das Bild, das ich gemalt habe.

JF *Braucht es dazu ein kunsthistorisches Wissen? Oder braucht es eher Vorstellungskraft, um dieses ‹fehlende› Bild zu finden, es zu sehen und es dann malen zu können?*

WB *Es braucht enorm viele und unterschiedliche Informationen. Du musst natürlich ganz genau wissen: Wie hat er die Horde gemalt, wie hat er den Wald gemalt? Und was ist dazwischen mit dem Maler passiert? Warum hat er seine Technik geändert? Warum hat er es später anders gemacht? Warum hat er da plötzlich bestimmte Elemente hineingebracht, die vorher nicht da waren?*

HB *Es ist für Wolfgang auch wichtig, solche Situationen zu erfühlen. Darum sind wir immer an die Orte gereist, an denen die Bilder entstanden sind, und zwar nicht nur bei Max Ernst.*

Das innere Erleben ist am stärksten, wenn man selber vor Ort ist. Wolfgang wollte spüren, wie sich das im Sommer oder im Winter dort anfühlte. Wir sind dann in der gleichen Jahreszeit hingereist, in welcher der von uns ausgewählte Maler ähnliche Bilder gemalt hat. Wenn man da ist, dann spürt man, wie es war, und kann sich vorstellen, wie der Maler dort gestanden oder gesessen oder gelebt hat und welchen Einflüssen er ausgesetzt war. Was zum Beispiel in diesen Tagen in der Zeitung stand, welche Ereignisse wichtig waren.

WB *Ja, aber nicht nur so was, sondern auch ganz profane Sachen. Wenn zum Beispiel Georges Braque, der von 1882 bis 1963 lebte, einen bestimmten Hügel gemalt hat, dann musste ja sein ganzes Malzeug irgendwie über diese Pfade hoch an diese bestimmte Stelle gebracht werden. Da gab's keine Strassen. Und wenn du dich heute dort hinstellst, dann sieht es noch genauso aus wie damals. Denk dir einfach ein zwei Häuser weg, und alles andere ist noch genauso. Dann stelle*

Wolfgang Beltracchi
in der Handschrift von Max Ernst:
La Horde

LONDON

Impressionist and Modern Art

Evening Sale

Tuesday 20 June 2006 at 6.30 pm

CHRISTIE'S

ich mir vor, dass er und seine Freunde irgendjemanden angeheuert haben mit einem Esel oder zwei, um das Malzeug und Essen zu transportieren, vielleicht haben sie noch ein zwei Mädels mitgenommen, sind dann nach oben gewandert, haben dort Party gemacht und gemalt. Die waren lebensfroh, sie waren im Süden und hatten ihren Spass. Und dann, das musst du dir einmal genau vorstellen, haben sie hier Monate verbracht, und ein paar Bilder sind entstanden, und in der restlichen Zeit haben sie gesoffen, geraucht und rumgehurt.

HB *Wir waren da. Das alles gilt es zu recherchieren. In Briefen, Tagebüchern, Äusserungen von Zeitgenossen und in der Betrachtung all seiner Bilder in den Museen und Galerien. Wir sind viel gereist, wie schon gesagt, das waren unsere «Kulturreisen».*

WB *Und dann, wenn du das alles weisst, dann kannst du mit Malen beginnen.*

Auf diese Weise hauchen die beiden dem Künstler nochmals Atem ein; sie machen ihn für den Markt lebendig, vervollständigen sein Werk und beglücken damit alle:

die Experten, die Auktionshäuser, die Museen, die Sammler und nicht zuletzt sich selbst, denn diese Arbeit bildet die Lebensgrundlage von Wolfgang und Helene Beltracchi. Wäre ihr Betrug unentdeckt geblieben, dann müsste man ehrlicherweise sagen, dass niemand zu Schaden gekommen wäre. Im Gegenteil: Alle hatten an den Bildern ihre Freude – und sind reich geworden.

WB *Wenn ich ein Gemälde anschaue, das mir gefällt, dann erregt mich das körperlich. Ich beginne es in seine Einzelteile zu zerlegen, in seine Strukturen, in seine Sequenzen und in seine Formen und Farben. Ich frage mich: Wie hat der Maler damit begonnen, wie waren seine Körperbewegungen, wo hat er übermalt? Ich lese die Handschrift, indem ich jede Bewegung seines Körpers sehe und spüre, seine Verfassung am Pinselstrich ablese, denn eine Handschrift besteht aus Bewegung und Zeit.*

HB *Wenn Wolfgang zu malen anfing, dann tauchte er weg und war nicht mehr ansprechbar. In dieser Zeit nahm er immer ab, ich denke, er verausgabte sich total.*

Die Lücken, von denen die beiden erzählen, konnten Lücken jeglicher Art sein, so etwa eine Lücke in der Biografie des jeweiligen Künstlers, die eine persönliche Krise bedeutete: Trennung, Tod, Krankheit, Krieg. Oder eine Lücke im Zeitgeschehen: Der Komet, der 1618 am Himmel erschien, wurde erstaunlicherweise von keinem zeitgenössischen Maler aufgegriffen. Oder auch die Lücke beim Wechsel von einem Stil zum anderen – wie im Fall von Max Ernst, bei dem ein entsprechendes Übergangsbild fehlte.

Er würde nie Bilder malen, die Angst hervorrufen, sagt Wolfgang Beltracchi. Er male schöne Bilder. Schöne Bilder beunruhigen nicht; im Gegenteil, sie beruhigen und machen Freude. Die Geschichte, seine Geschichte, die er in die Lücke des Künstlers legt, vermag die Betrachter und Betrachterinnen zu erfreuen. Sie fühlen sich wohl dabei.

WB *Ich muss etwas Schönes schaffen. Ich will keine Bilder malen, die nicht schön sind. Dann müsste ich ja immer so grausige Szenen malen. Ich will die Menschen glücklich machen. Auch mit meinen Porträts. Wer will ein Porträt von sich, und warum? Man lässt sich porträtieren, um sich zu verewigen, um sich in der Zukunft eine Bedeutung zu geben, damit sich die*

Urenkel an dir erfreuen können.
So male ich Porträts ebenfalls immer
schön; alle müssen sich freuen,
wenn sie das Bild von sich anschauen,
das da an der Wand hängt.

Die Fälschung

Der erste Maler, den Wolfgang Beltracchi gefälscht hat, war Hendrick Avercamp, 1585 in Amsterdam geboren und mit 49 Jahren in Kampen in der Provinz Overijssel gestorben. Avercamp war taubstumm. Das Bild von ihm, das Wolfgang Beltracchi mit zehn Jahren gesehen und das in ihm Emotionen der Geborgenheit und Zugehörigkeit ausgelöst hatte, trug den Titel *Schaatsenrijden in een dorp*. Avercamp hatte es zirka 1610 gemalt, heute ist es im Rijksmuseum in Amsterdam zu sehen. Es zeigt ein vergnügliches Schlittschuhlaufen inmitten eines Dorfes.

In dieser Szenerie fühle er sich zu Hause, sagt Wolfgang Beltracchi. Avercamp sei wie sein Bruder, er fühle sich ihm nahe; er habe beim Betrachten des Bildes das Eis unter den Schlittschuhen knistern gehört und die Kälte gespürt. Das Gemälde sei in der Zeit der Pest entstanden, zudem hätten die kleine Eiszeit, der Dreissigjährige Krieg, also eine Zeit der Not und des Hungers geherrscht, und dennoch habe Avercamp eine vergnügliche Winterszene gemalt: Frauen und Männer in schönen Kleidern laufen Schlittschuh; sie reden miteinander, essen und trinken; Kinder spielen Eishockey, ein Pferd zieht ein kleines Boot über das Eis – alle vergnügen sich in einer Zeit des Schreckens. Ein schönes Bild inmitten von realem Elend, inmitten auch von Avercamps persönlichem Elend als Taubstummer. Ein Bild, das den Käufer beglückt und beruhigt. Das dem Betrachter, der Betrachterin ermöglicht, für eine gewisse Zeit die Sorgen zu vergessen. Der taubstumme, der schweigende Maler hat seine Sprache offensichtlich in der Malerei gefunden. Auch er malte nur schöne Bilder; auch er wollte damit Freude bereiten und das Elend, zumindest für eine gewisse Zeit, vergessen machen. Auch er verkaufte seine Bilder ausgesprochen gut. Auch Avercamp schien das Empfinden anderer Menschen empfinden zu können.

Nach seiner Verurteilung malte Wolfgang Beltracchi in der Handschrift von Avercamp ein sehr ähnliches Bild. Er gab ihm den Titel *Der grausame Komet*. So wie er früher die Lücken der Maler ausfindig gemacht und gefüllt hatte, so füllte er in seiner ersten grossen Ausstellung nach dem Gefängnis – er nannte sie «Kairos», der richtige Moment – die Lücken einer ganzen Zeitperiode: Er malte in den Handschriften verschiedener Maler Bilder, die noch gemalt hätten werden können, jedoch nicht gemalt worden sind. Wie zum Beispiel das Bild *Der grausame Komet*. In Avercamps Zeit, im Herbst oder Winter 1618, war tatsächlich ein Komet erschienen. Eine allgemeine Weltuntergangsstimmung wurde

Hendrick Avercamp:
Schaatsenrijden in een dorp

durch ihn geweckt, jedoch wurde er von keinem Maler festgehalten.

Wolfgang Beltracchi malte dieses Bild, er füllte diese Lücke im Werk Avercamps und diese Lücke in der Malerei der damaligen Zeit. Er malte ebenfalls eine vergnügliche Eislaufszene, doch alle Menschen sind nur von hinten zu sehen. Vielleicht, damit man die Angst nicht sieht in ihren Gesichtern? Ihr Entsetzen über das Erscheinen des Kometen, den – das Zeitalter der Aufklärung war noch nicht angebrochen – die meisten als unheilvolles Zeichen wahrgenommen haben dürften, als Zeichen der Bestrafung für Sünden, als Omen für etwas Schreckliches, das noch kommen würde? Doch in Wolfgang Beltracchis Bild stehen die Menschen gelassen auf dem Eis und schauen in den Himmel. Einige scheinen die Himmelserscheinung gar nicht zu bemerken – auch hier wiederum die Beruhigung im Schrecken. Die Menschen auf dem Bild sind unversehrt, sehr schön gekleidet, von ‹hinten› können wir weder Angst noch Panik und Verzweiflung erkennen; auch rennt niemand weg, um Schutz zu suchen, was vermutlich noch naheliegend gewesen wäre. Da ist vielmehr, so können wir das der Haltung der Menschen entnehmen, ein Staunen. Die Neugierde scheint sie gepackt zu haben. Es ist also eine ganz andere Erzählung als diejenige, die etwa der Glaube an einen gestrengen, strafenden Gott vorgab. Es ist eine beruhigende, eine schöne Erzählung.

Als ‹Lückenfüller› entstand auch das Gemälde ‹Gruppenbild Blauer Reiter›: In der Handschrift von Heinrich Campendonk, der selber nicht auf dem Bild erscheint, sehen wir die Kerngruppe dieser Künstlergemeinschaft auf der Leinwand vereinigt: Wassily Kandinsky, Gabriele Münter, Franz Marc, August Macke, Marianne von Werefkin und Alexej von Jawlensky.

HB *Gabriele Münter lebte mit Wassily Kandinsky zusammen und kam für seinen Lebensunterhalt auf. Marianne von Werefkin lebte mit Alexej von Jawlensky zusammen und kam ebenfalls für seinen Lebensunterhalt auf.*
Beide Frauen wurden von ihren Lebenspartnern verlassen, als diese ökonomisch unabhängig wurden. Beide Frauen waren eigenständige, anerkannte Künstlerinnen. Kandinsky und Marc waren die Wortführer des Blauen Reiter. Anfänglich waren sie miteinander befreundet, doch bereits kurz nach der Veröffentlichung des Manifestes des Blauen Reiter brach die Freundschaft auseinander.

Wolfgang Beltracchi meint dazu, dass er die Künstler noch einmal, «bevor die ganze Scheisse losging», auf

Wolfgang Beltracchi, S. 53
in der Handschrift von Hendrick Avercamp:
Der grausame Komet

Wolfgang Beltracchi, S. 54/55
in der Handschrift von Heinrich Campendonk:
Gruppenbild Blauer Reiter

Von links nach rechts:
Wassily Kandinsky,
Gabriele Münter,
Franz Marc,
August Macke,
Marianne von Werefkin,
Alexej von Jawlensky

einem schönen Bild vereinigen wollte. Lebend und guter Dinge. Die «Scheisse» war der Erste Weltkrieg, in dem sich Franz Marc und August Macke 1914 freiwillig zum Kriegsdienst meldeten. Beide kehrten nicht mehr zurück.

Wolfgang Beltracchi drehte damit die Zeit zurück. Er wusste, wer von ihnen wann und unter welchen Umständen gestorben war; er wusste um ihre Beziehungskonflikte, Trennungen und Scheidungen; er wusste um die Zerwürfnisse untereinander – und vereinte sie ein letztes Mal. Es gibt also eine äusserst kreative, sich im Aufbruch befindende Gemeinschaft vor dem Krieg, es gibt den Tod im Krieg und es gibt die zerstörte Gemeinschaft nach dem Krieg. Erzählt Wolfgang Beltracchi hier, in dieser ‹Kriegslücke›, seine eigene Familiengeschichte? Vervollständigt er seine eigene Vita mit diesem Bild, nämlich die Zerstörung seiner Familie durch den Krieg? Kinder, die das Schweigen der Eltern nicht verstehen, nicht verstehen können, welche die emotionale Abwesenheit ihrer Eltern erfahren, reparieren in ihrer Fantasie die Familie, weil das alles für sie so unerträglich ist. «Bevor die ganze Scheisse losging», hatte es sicher auch in Wolfgang Beltracchis Familie eine Gemeinschaft gegeben. Es war eine junge Familie, die im Aufbruch und voller Zuversicht gewesen sein dürfte: Die Mutter 31 Jahre alt, der Vater 33, Wilhelm elf, Ulla vier und Friedrich zwei Jahre alt. Helga wurde im Krieg geboren und Wolfgang 1951. Der Letztgeborene versuchte also, gerade weil er unbewusst die Brüche in den Beziehungsstrukturen wahrnahm, die Familie zu reparieren, ihr eine Unversehrtheit zurückzugeben, die allen zugutekommen, allen Gefühle der Sicherheit und Geborgenheit vermitteln sollte.

In dieser Situation hat Wolfgang Beltracchi gelernt, das Empfinden der anderen zu empfinden, hat diese Fähigkeit erworben, die er später in der Malerei einsetzte. Und stets war seine Absicht, mit seinen Bildern schlechte Gefühle in gute zu verwandeln, andere Menschen zu beglücken und vor allem zu beruhigen. Wolfgang Beltracchi hat nur schöne Bilder gemalt, die Erzählungen, die er malte, waren schön. Und er? Sicher war ihm nicht immer so schön zumute, wie er malte. Ob er sich mit dem Malen schöner Bilder selber beruhigte?

Sein Handwerk hat er gelernt, indem er dem Vater bei der Restaurierung von Bildern in Kirchen half. Er lernte die Farben zu bestimmen und zu mischen, die richtigen Pinsel zu verwenden, er lernte, das zerstörte Fresko an der Kirchenwand in seiner Fantasie zu vervollständigen und es nachzumalen. Mit der Zeit sei er besser als der Vater gewesen, vor allem auch besser bei den Verhandlungen über den Preis ihrer Arbeit, sagt Wolfgang Beltracchi. Schon als Kind habe er in kalten Kirchenräumen eng neben seinem Vater gelegen und Decken bemalt. Und stets habe der Vater geschwiegen. Was für eine Gelegenheit wäre das für ihn gewesen, seinem Sohn näherzukommen, etwas Gemeinsames zu schaffen, vielleicht eine Ebene der Vertrautheit zumindest während jener Zeit, die sie bei der gemeinsamen Arbeit verbrachten. Doch nach dem Krieg hat der Vater sein Schweigen nie mehr gebrochen, und die Sprachlosigkeit verunmöglichte es ihm, eine Verbindung zum Sohn herzustellen. Die Kommunikation mit dem Vater sei reduziert gewesen auf Anweisungen, sagt Wolfgang Beltracchi: Diesen Strich musst du so ziehen; diese Farbe musst du für das Gesicht nehmen. Und so weiter. Später, als der Sohn das Handwerk besser beherrschte, hat er seinem Vater viele Arbeiten abgenommen und ihn damit entlastet.

Wolfgang Beltracchi ist nicht nur mit, sondern in der Malerei aufgewachsen. Mit einem Vater, der von der Mutter und den Geschwistern verachtet wurde, war es ihm trotz der verbindenden Arbeit auch seinerseits nicht möglich, zum Vater eine eigenständige Beziehung aufzubauen, da der Weg dahin kontaminiert war mit dieser Ablehnung. An die Gründe dafür kann sich Wolfgang Beltracchi nicht mehr erinnern. Ein Kind schliesst sich der Mehrheit an, um nicht aus der Gemeinschaft ausgestossen zu werden, selbst wenn es den verachteten Menschen liebt. Und da die Bindung zur Mutter aufgrund der konservativen Aufteilung der elterlichen Rollen immer noch als die stärkste gilt, haben es Kinder schwer, in einen Konflikt mit ihr zu treten. Würden sie in diesem Fall nicht ebenfalls verachtet werden? Diese Zurückweisung kann sich ein Kind schwerlich leisten. Daher wird es sich in die Nähe derjenigen Person begeben, die ihre Aggression gegen jemanden anderen richtet als gegen das Kind selbst. Und wenn die Mutter sich dann noch als Opfer ihres ‹unmöglichen› Ehemanns positioniert – was oft der Fall ist –, wird das Kind sie beschützen wollen. Es wird versuchen, das Opfer zu stützen, ihm nicht unnötige Scherereien mit dem eigenen Ich aufzubürden, sondern eher mit Anpassung entlastend zu wirken und mit dem Opfer in denselben Kanon einzustimmen.

Die Identifikation mit dem Aggressor ist ein Begriff, der von Anna Freud, der Tochter von Sigmund Freud, stammt und besagt, dass wir uns vor Aggressionen schützen können, indem wir uns mit dem Aggressor verbünden. Das ist eine Schutzfunktion, mit der man zum Beispiel der Zurückweisung durch Verachtung entgehen kann. Da Wolfgang Beltracchi, wie der Vater, männlichen Geschlechts ist, war die Gefahr noch grösser, verachtet zu werden als ein Sohn, der seinem Vater ähnlich sein soll. Doch sein Handwerk hat er vom Vater gelernt, und seine Karriere hat er auf diesem Fundament aufgebaut. Im Gegensatz zum Vater wurde er sehr reich damit. Vielleicht hat er mit seinem Erfolg den Vater innerlich wieder aufrichten, sein eigenes Männerbild ins rechte Licht rücken können? Vielleicht ist ihm das alles besser mit dem Namen seiner Frau gelungen statt mit demjenigen seines sprachlosen Vaters. Vielleicht hat ihm der Namenswechsel auch erleichtert, reich und später sogar berühmt zu werden. Um seiner Frau und den Kindern ein einigermassen sorgenfreies Leben bieten zu können, ohne von ihnen verachtet zu werden?

Mutter und Sohn

Sigmund Freud hat die Ödipusgeschichte aus der griechischen Mythologie übernommen und als Element der psychischen und sexuellen Entwicklung des Kindes in seine Methodik eingearbeitet. Gemäss seiner Interpretation dieser Geschichte begehrt ein Sohn in der ödipalen Phase, die im Alter von drei bis fünf Jahren liegt, seine Mutter. Wir müssen uns das nicht als ein genitales Begehren vorstellen, sondern gemäss der sexuellen Entwicklung eines Vierjährigen eher so, dass er seine Mutter heiraten und den Vater irgendwie beseitigen möchte. Ein Junge in dieser Phase braucht einen Vater, der dieses Bündnis zwischen Mutter und Sohn unterbricht, damit es nicht so weit kommt wie in der Ödipussage: nämlich dass der Sohn die Mutter heiratet, ohne es zu wissen, und mit ihr Kinder hat. Natürlich symbolisch gesehen.

Wenn eine Mutter ihren Sohn an sich bindet und den Vater – eigentlich ein Gegengewicht zur mütterlichen Bindung – verachtet, dann wird für den Sohn die Ablösung von der Mutter schwierig. Denn in der Sage ist es ja nicht nur so, dass der Sohn die Mutter heiratet, sondern die Mutter auch den Sohn. Das geht oft vergessen. Ich denke, gerade in Kriegszeiten können Mütter dazu neigen, ihre Söhne als Ersatz für die Ehemänner zu missbrauchen, die im Krieg sind und nachher – wenn überhaupt – traumatisiert zurückkommen. Damit überfordern sie nicht nur ihre Söhne, sondern stürzen sie auch in grosse Loyalitätskonflikte gegenüber dem anderen Elternteil. Wenn der Vater das Nein nicht mehr aussprechen kann, das den Sohn von der symbiotischen Beziehung mit der Mutter zu trennen vermag, und wenn er bei der Mutter nicht mehr selbst diese Stelle einnehmen kann, die Stelle des Ehemannes und des Familienoberhauptes, kann eine Mesalliance zwischen Mutter und Sohn entstehen, die den Sohn belastet und ihm auch die Liebe zum Vater vergällt.

Wenn sich der Vater nach seiner Rückkehr aus dem Krieg ins Schweigen – das Kernstück eines Traumas – zurückzieht, ist das ein Hinweis auf seine Ohnmacht: eine ohnmächtige Sprachlosigkeit und eine sprachlose Ohnmacht. Der kompletten Ohnmacht konnte er vermutlich nur noch über die Arbeit und den väterlichen Auftrag, die Familie zu ernähren, entgehen. Dafür scheint seine Kraft noch gereicht zu haben. Für die Feinheiten in Beziehungen und die Feinheiten in der Erziehung, die ein kleines Kind braucht in seinem Aufwachsen und seiner Entwicklung, war offenbar nicht mehr genug Energie da. Denn ein Sohn braucht einen Vater, der einen Konflikt mit der Mutter eingehen kann, um ihm den Weg zu anderen Frauen als der Mutter zu öffnen. Das Aussprechen eines Neins, sprich: die Auseinandersetzung mit der Ehefrau, die sich an ihren Sohn klammert, braucht jedoch Kraft. Und diese Kraft stand dem Vater sicherlich nicht mehr zur Verfügung, einem Mann, der die Schlacht von Stalingrad überlebt hatte, den Verteidigungskrieg an der Westfront und vier Jahre Kriegsgefangenschaft in Frankreich. Einem Mann, der 1949 aus dem Krieg zurückgekehrt und zwei Jahre später Vater eines weiteren Sohnes geworden ist. Dieser Sohn kennt nun nicht mehr das Elternpaar, das es war, «bevor die ganze Scheisse losging».

Das intellektuelle Wissen und Interesse scheint sich Wolfgang Beltracchi aufgrund von Impulsen der Mutter angeeignet zu haben. Er und seine Mutter hätten eine geistige Nähe gehabt und viel zusammen geredet, sagt er. Er habe von ihr zum Beispiel einiges über die amerikanische Literatur gelernt, sie habe ihm einen Zugang dazu verschafft. Letztlich vereint Wolfgang Beltracchi in seiner Arbeit die Stärken seiner Eltern: das passionierte Forschen und Recherchieren in Büchern – die Bibliothek der Beltracchis ist enorm – von der Mutter und das Handwerk der Malerei, das er zur Vollkommenheit entwickelt hat, vom Vater. So perfekt beherrschen Wolfgang und Helene Beltracchi ihr Metier, dass ihnen die Experten viele Jahre lang nicht auf die Schliche gekommen sind.

Wolfgang Beltracchi vereint aber nicht nur die Eltern in sich, sondern er richtet den Vater auch auf, weil er, der Sohn, nun berühmt und reich ist – und weil er redet. Er kann ununterbrochen erzählen, sich mit anderen unterhalten und sein Wissen unter die Leute bringen. Dieses enorme Wissen über Maler, ihre Techniken, ihr Leben und ihre Zeit, das er und seine Frau Helene sich mit ihren Recherchen über all die Jahre angeeignet haben. Und über das Empfinden dieser Maler, von dem er sagt, er könne es nachempfinden. Wolfgang Beltracchi denkt ununterbrochen, so wie vermutlich der Vater in seinem Schweigen auch ununterbrochen nachgedacht hat – dessen Schweigen müssen wir uns nicht als ein ‹totes› Schweigen vorstellen. Zudem malt Wolfgang Beltracchi nur schöne Bilder, wie wir nun wissen, und diese Bilder haben – betrachten wir sie unter dem psychoanalytischen Gesichtspunkt – sicherlich die Funktion, zu beruhigen, Sorglosigkeit zu vermitteln beziehungsweise Gefühle und Bindungen zu reparieren, ob nun für sich selbst oder für all jene, die diese Bilder anschauen und genau das brauchen, dieses wohltuende Gefühl der Angst- und Sorglosigkeit.

Das Eintauchen

Um mir sein ununterbrochenes Nachdenken und Recherchieren zu erklären, erzählt Wolfgang Beltracchi eine Geschichte: Er sei im Begriff gewesen, ein Bild zu malen, und plötzlich sei ihm der Schädel, den Rembrandt gemalt habe, in den Sinn gekommen. So sei er von der Staffelei weg und habe bei seiner Recherche herausgefunden, dass es der Schädel eines kleinen Diebes gewesen war, den Rembrandt van Rijen als Vorlage benutzt habe. Und dass der Maler ein halbes Jahr nach seinem Sohn Titus gestorben sei, und dass dieser Sohn eine zweijährige Tochter hinterlassen habe, und dass Rembrandts letztes Kind bei seinem Tod erst vierzehn Jahre alt gewesen sei. Schliesslich fragt sich Wolfgang Beltracchi, was diese beiden Kindern wohl für eine Beziehung gehabt hatten. Obwohl er selber in einer Familie aufgewachsen ist, in der nicht über Beziehungen gesprochen wurde, interessieren ihn vor allem die Beziehungen zwischen Menschen. Oder vielleicht gerade deswegen? Dazu gehören auch die Beziehungen, die er zu den Menschen herstellt, die er porträtiert. Er muss sie gernhaben, sagt er, ohne das sei er nicht in der

Lage, ein Porträt zu malen. Er müsse diese Menschen spüren, lesen können – damit er ihr Bild von sich selber, vielleicht sogar ihr erträumtes Bild von sich erfassen und malerisch umsetzen könne. Er möchte sie glücklich sehen, er möchte sie glücklich machen mit seinem Bild.

Weiter erzählt Wolfgang Beltracchi, er könne stundenlang in einem Café sitzen, die Leute beobachten und sich ihre Lebensgeschichten vorstellen. Diese Betrachtungen und Fantasien vermischen sich mit seinen eigenen Gedanken über das Leben, und zusammen mit den intensiven Recherchen zum Leben und zur Gefühlswelt der Künstler ergibt sich das innere ‹Reservoir›, aus dem die Bilder entstehen, die dann mit falschem Namen auf den Markt kommen. Mit den Namen derjenigen, deren Handschrift er nun perfekt zu kopieren vermag. Und nicht etwa mit seinem Namen, obwohl das ganze Bild seiner Fantasie entsprungen ist.

Warum, so frage ich mich erneut, muss seine eigene Handschrift verschwinden? Warum muss seine eigene Geschichte unter oder hinter der Geschichte verschwinden, die er gerade gemalt hat? Und warum ist diese Geschichte nicht seine? Warum steht da ein anderer Name als seiner auf der Leinwand? Denn es ist seine Erzählung auf dem Bild. Eingefügt in die Erzählung einer anderen Vita, in die Lücke eines anderen aus einer anderen Zeit und gemalt in der Handschrift des anderen – also nicht der seinen. Sein Ich verschwindet gleichsam in dieser Lücke, in der Lücke des anderen, die Wolfgang und Helene Beltracchi ausfindig gemacht haben. Und hier findet das Ich von Wolfgang Beltracchi Platz, hier in der Vita des anderen. Im Rahmen einer anderen Erzählung findet die seine einen umrissenen und begrenzten Ort. Einen Ort, an dem er sein Ich ausdehnen kann. Dieses in das fremde Ich eingebundene Ich von Wolfgang Beltracchi wird dann vom Markt ‹entdeckt› und gierig aufgesogen. Und beide können gut davon leben.

«Wir haben teilweise Fährten gelegt,
die waren so kompliziert,
dass nie jemand draufgekommen ist.»

Das Träumen

Die Lücke eines anderen zu füllen geht mit dem Entleeren des Eigenen einher. Dieser Prozess kann sehr müde machen. Normalerweise ist das Sich-Einlassen auf andere ein mehr oder weniger ausgewogenes Geben und Nehmen. Wolfgang Beltracchi scheint jedoch in emotionaler Hinsicht leer auszugehen, denn das Geben steht bei seiner Arbeit nicht im Gleichgewicht mit dem Nehmen. Ist das so, weil schon beim Aufwachsen nie etwas zurückgekommen ist? Müde werden wir auch – wir alle –, wenn unsere Bewegungslust, unser Lebensdrang, diese Energie korsettiert und zurückgebunden werden. Oder eigentlich erschlaffen wir, ohne wirklich müde zu sein. Einfach, weil sich unsere Lebensenergie nicht ausdehnen darf. Dass Wolfgang Beltracchi leer ausgeht, kann er jedoch mit einem beachtlichen monetären Gewinn einigermassen wettmachen.

Wolfgang Beltracchi beklagt sich oft, dass er sehr müde sei und sich ausgelaugt fühle. Er tagträume jedoch gerne, und diese Fähigkeit würde er keinesfalls missen wollen, selbst wenn sie mit Müdigkeit verbunden sei. Das sei halt der Preis, den er bezahle, wie alles seinen Preis habe. Er habe schon als kleiner Junge stundenlang vor sich hin träumen können auf der Bank hinter dem Haus. Ein Kind von sechs Jahren, das seine Tage träumend verbringt und nicht mit anderen Kindern spielt? Träumend und alleine? Was macht dieses Kind mit seiner Vitalität, mit seinem Drang nach Bewegung, Gemeinschaft und Freiheit? Gibt es da nicht eine gewisse Parallele zu seiner späteren Arbeit, bei der er sich hineinträumt in das Leben anderer, um dort ein schönes Bild zu malen, das gefehlt hat? Und bei der er das Schöne, das Sorg- und Angstlose auf die Leinwand bringt, das den Markt, die Käufer, die Experten und ihn selbst beruhigen und bereichern kann? Und träumte er sich so nicht gleichzeitig aus dem Elend hinaus? Aus dem eigenen und dem des anderen?

Das *Gruppenbild Blauer Reiter* ist ein schönes Bild, eingefangen, «bevor die ganze Scheisse losging». Dass Wolfgang Beltracchi das Elend und die Not kannte, scheint also naheliegend, selbst wenn sie sich ihm nur im Schweigen der Eltern offenbarten beziehungsweise im Schweigen einer ganzen Generation, die jahrelang Teil eines Krieges war. Ein Kind hat keine Möglichkeit, die aus dieser ständigen Bedrohung entstandenen, unausgesprochenen Gefühle der Ohnmacht, Angst und Wut einzuordnen, gar zu verstehen, und ist dementsprechend der unbewussten Tradierung vollständig ausgeliefert. Wie sollte es sie denn einordnen können, wenn es die Eltern und die Mehrheit der Erwachsenen nicht tun? So ist es mit dem Schweigen der Erwachsenen konfrontiert, das zum Bersten voll ist mit Emotionen, die folglich unverarbeitet in die nächste Generation fliessen. Die Trauer über das verlorene und beschädigte Leben erhält so keinen Raum in den Beziehungen und damit auch keinen Raum in der Sprache. Und das Kind kann ebenfalls nur schweigen, weil es angewiesen ist auf Sprache, auf die Kommunikation mit Eltern, Erwachsenen, die ihm die Welt und sich selber erklären und es nicht in dasselbe Trauma fallen lassen wie das ihrige.

Ich vermute, dass Wolfgang Beltracchi mit seinen ‹schönen› Bildern einen Beitrag zur Befriedung leistete: Er verhielt sich still als Kind und stabilisierte damit die Familie, er verhielt sich still als Erwachsener, und auch beim Betrügen verhielt er sich still. Der Betrug lebt im Geheimen, bleibt in Schweigen gehüllt, denn fliegt er auf, kann eine ganze Existenz zusammenbrechen. So wie den Beltracchis nach dem Gerichtsurteil die existenzielle Grundlage unter den Füssen weggezogen wurde und ihr Kontostand auf Null sank – sie besassen nur noch ein Handy. Hätte der Vater nicht die Fähigkeit gehabt, seine ganzen schrecklichen Erfahrungen im Inneren einzukapseln und totzuschweigen, wäre er möglicherweise zusammengebrochen, arbeitsunfähig, vielleicht wahnsinnig geworden. So kapselte sich auch Wolfgang Beltracchi bereits als kleiner Junge ab, womit er sich vor all den überfordernden Gefühlen schützen konnte, die die anderen in sich einkapselten.

Fälschen als Lebensinhalt

Wolfgang Beltracchi hat also als Kind die Fähigkeit entwickelt, andere ‹lesen›, sich in sie hineinfühlen zu können und so eine Lücke für sich zu finden, in die er seine eigene Geschichte legen konnte. Mit seinen Träumereien konnte er sich der Anforderung, elterliche Aufgaben für seine Eltern zu übernehmen, zeitweise entziehen und gerade mit diesem Rückzug in die Träume die Familie stabilisieren. Sein Ich, seine Autonomie und seine Bedürfnisse blieben dem Kopf vorbehalten – hier spielte das Kino. So ist es vermutlich auch kein Zufall, dass Wolfgang Beltracchi ursprünglich Filmregisseur werden wollte. Doch bis zur Ausbildung hätte er noch vier Jahre warten müssen, weil er zu jung war, und so zerschlug sich dieser Traum.

Was Wolfgang Beltracchi in anderen Menschen liest, sind ihre Gefühle, Bedürfnisse und Wünsche. Vielleicht auch seine Gefühle, Bedürfnisse und Wünsche, die er in die anderen hineinprojiziert. Wir alle projizieren auf andere. Was in dieser Situation aber wichtiger ist, als die entsprechenden Unterschiede zu analysieren, ist zu verstehen, wie das Lesen und

Befriedigen der Bedürfnisse und Wünsche anderer zum Lebensinhalt eines Menschen werden können. Oder ist es so, dass Wolfgang Beltracchi auch seine Bedürfnisse teilweise gedeckt sieht, wenn er jene der anderen befriedigt? Zum Beispiel das Bedürfnis, in Ruhe gelassen zu werden? Oder das Bedürfnis, andere Menschen glücklich zu sehen?

Wenn er in die Lücke eines anderen springt, in dessen Trauma, dessen Schweigen, wenn er, bildlich gesprochen, bei einem Leck die Funktion eines Pfropfes übernimmt, heisst das auch, dass der andere diese Lücke nicht selber schliessen kann, nicht selber damit umgehen kann? Bedeutet es für ein Kind, dass es die Verantwortung dafür übernehmen muss? Muss das Kind diese Lücke füllen, vielleicht mit sich selbst? Diese Interpretation würde Wolfgang Beltracchis anhaltende Müdigkeit erklären, denn wer sein Ich in den Dienst als Reparateur stellt, hat keine Energie mehr übrig, um die eigenen Wünsche und Bedürfnisse zu befriedigen. Und die Kraft, die es braucht, um als Pfropf in einem Leck eine ganze Familie zu stabilisieren, darf nicht unterschätzt werden. Denn sobald der Pfropf nicht mehr abdichtet, besteht die Gefahr, dass das Boot untergeht. So können wir auch verstehen, warum ein Kind stundenlang hinter dem Haus ruhig auf einer Bank sitzt: Es kann die Lücken in der Familie nicht mit Autonomie, Vitalität und Bewegungsdrang füllen, es darf nicht abwesend sein. Mit dem Stillhalten auf der

Bank hinter dem Haus erfüllt es die Pfropffunktion und findet vermutlich gleichzeitig hin und wieder den dringend benötigten Schutzraum vor anderen Aufgaben, die ihm die Parentifizierung stellt. Dieser abgesteckte Raum wurde für den jungen Wolfgang der Ort für seine (spätere) Selbstverwirklichung.

Ein Kind zieht sich in die Einsamkeit zurück, um in Ruhe gelassen zu werden. Vielleicht hat Wolfgang Beltracchi bei seinem Vater gelernt, dass Schweigen auch Schutz bedeutet. Denn ein Kind, das tagelang still auf einer Bank hinter dem Haus sitzt, tut das, weil es sich schützen will. Es hat gelernt, dass es mit der Einschränkung seines Bewegungsdrangs nicht zu Schaden kommt und keinen Schaden verursacht. Dass es dank des Stillhaltens die Familie nicht destabilisiert; dass es dank des Nicht-Ich-Seins niemanden belastet und dass es dank dieses Verhaltens auf der Bank hinter dem Haus sich selber einen Freiraum von all den Anforderungen verschaffen kann. In diesem Freiraum nun fanden die geträumten statt erlebten Erzählungen statt. Hier gelangte die ganze Kreativität von Wolfgang Beltracchi zur Entfaltung: im Träumen und in den Geschichten, die er weiterdachte, die er zu Ende dachte. Hier fand Ich statt.

JF *Du kannst also stundenlang vor einer leeren Leinwand oder einem angefangenen Bild sitzen und gar nichts tun?*

WB *Ja, wirklich seeeehr lange. Das ist auch das, was Lene so oft nervt: wenn das Bild nicht fertig wird. Dann sagt sie: «Na, was hast du heute gemacht? Wieder stundenlang davorgesessen?»*

JF *Und wenn die Realität hereinbricht? Wenn du stundenlang vor diesem Bild sitzt und plötzlich das Telefon klingelt oder du zum Essen gerufen wirst?*

HB *Das schaltet er komplett aus. Realität existiert dann nicht. Dann ist er einfach weg.*

WB *Ja, dann bin ich einfach weg, ist halt so. Das kann auch passieren, wenn ich dasitze mit einem Buch oder einem Foto oder irgendetwas – ich trete weg.*

JF *Macht dir das keine Angst?*

WB *Nein, überhaupt nicht, im Gegenteil – ich finde es viel beängstigender, wenn man das nicht kann. Wenn man ständig im Hier und Jetzt sein muss. Ist doch gruselig.*

HB *Im Hier und Jetzt zu sein ist doch auch schön.*

WB *Hier, ja, jetzt, ja. Ich finde es eben auch super, immer wieder mal wegzutreten, auch wenn ich das nicht immer steuern kann. Ich schlafwandle nur noch selten im Vergleich zu meiner Kindheit. Ich träume sehr viel, träumen ist ja auch eine Art von schlafwandeln.*

HB *Ich glaube, Wolfgang hat etwas, das vermutlich nicht viele Leute haben: Er hat irgendwie einen Selbstschutz, der ihn immer wieder das Positive sehen lässt. Das ist ganz verrückt: Das Schlimmste kann passieren, und trotzdem findet Wolfgang immer alles positiv. Der hat ein absolut positives Denken. Das haben viele Leute nicht. Also wenn mich etwas deprimiert, dann bin ich da richtig drin, und es stösst mich auch ab. Aber bei ihm ist das nicht so. Er nimmt es auf, lässt es aber nie so ganz in sich hinein, sondern weist es immer wieder zurück.*

Das Depot

Wir können nun verstehen, was das Fälschen Wolfgang Beltracchi ermöglichte: über das Befriedigen der Bedürfnisse und Wünsche anderer seine eigenen Bedürfnisse und Wünsche zu befriedigen. Wolfgang und Helene Beltracchi haben den Markt befriedigt: die Sammler, die Museen und nicht zuletzt die Experten. Und weil sie davon leben konnten, stellten sie auch sich und ihre Familie zufrieden. Sie wurden in Ruhe gelassen, und auch Wolfgang Beltracchis Ich ging nicht im anderen verloren.

Vielleicht ging dieses Ich gerade deshalb nicht verloren, weil am Schluss ein Bild dastehen musste, eines, das einen Verkaufserlös einbringt, eines, das zweckgebunden gemalt wurde, um die Familie zu ernähren. Diese Fähigkeit, in andere hineinfliessen und sich aus sich selber hinausträumen zu können, die Bedürfnisse und Wünsche anderer wahrnehmen und befriedigen zu können, ohne dass jemand zu Schaden kommt, ist für einen Fälscher eine geradezu ideale Voraussetzung. Ich sehe keinen anderen Beruf, der dafür besser geeignet wäre. Auch in Ruhe gelassen zu werden, sich nicht mit Chefs und Mitarbeitern herumschlagen zu müssen, ist ein Vorteil dieses Metiers; die beiden Beltracchis lebten ein selbstbestimmtes, unaufgeregtes, aber spannendes Leben, der Tumult kam erst mit der Aufdeckung des Betrugs. Die Selbstbestimmung und Unabhängigkeit konnten optimal ausgekostet werden, und die Lücken der anderen konnten gleichsam genutzt werden, um Eigenes zu platzieren und zu deponieren.

Wenn ein kindliches Ich als Depot für die unerträglichen Emotionen der Eltern genutzt wurde, dann bleiben diese Emotionen auch für das Kind unerträglich. Denn woher sollte es die Kraft haben, diese zu tragen, wenn selbst die Eltern nicht die Kapazität hatten, ihm vorzuleben, wie das geht? So sucht sich das Kind für diese Emotionen neue Deponierungsmöglichkeiten und findet dabei Trost in der Erfüllung der Wünsche anderer. Ein weiterer Vorteil dieser Berufswahl.

Im Fälschen finden wir bei Wolfgang Beltracchi aber auch die Einschränkung der eigenen Beweglichkeit wieder, denn hier findet die Ausdehnung seines Ich in den Grenzen des anderen Ich statt. Das mag ein Vorteil sein, weil er hier einen abgesteckten Rahmen, eine sichere Abgrenzung hat. Hier, in der Lücke des anderen, kann sich sein Ich entfalten, hier ist es sicher vor den Anforderungen der Erwachsenen an ein Kind, das damit nur überfordert sein und daran scheitern kann. Ausserhalb dieses Rahmens ist dieses Ich gefährdet, weil ein Kind, das solche Auflagen zu tragen hat, auf sämtliche eigenen Bedürfnisse verzichten muss, um die vom Krieg gezeichneten Eltern nicht in Bedrängnis, in eine noch grössere emotionale Überforderung zu bringen. Das Stillhalten ist hier ein Weg. Dann findet Autonomie im Kopf statt, in der Fantasie, wo sie nicht mehr kontrollierbar ist. Würde dieses Kind den unausgesprochenen und unbewussten Auftrag seiner Eltern nicht annehmen, würde es nicht still hinter dem Haus auf der Bank sitzen, sondern herumtoben und auf die emotionale Standhaftigkeit, Verbindlichkeit und Zuständigkeit der Eltern vertrauen, in deren Radius es Autonomie ausprobieren kann, dann würde es unter Schuldgefühlen zu leiden beginnen, Schuld, weil es die Eltern mit seinem Ich gefährdet, beschädigt, destabilisiert, ja sogar verrät.

Die Überlebensschuld

Meine These der Überlebensschuld möchte ich noch um ein paar Aspekte erweitern. Allen Schuldgefühlen zum Trotz, die nach dem Krieg geborene Kinder gegenüber ihren Eltern haben können: Ein Kind ist den Eltern grundsätzlich nichts schuldig. Kinder sind nicht dazu da, die Wunden der Eltern zu heilen. Dennoch sind solche Schuldgefühle bei vielen Kindern vorhanden und müssen erkannt und verstanden werden, damit sie abgelegt und nicht zum Plagegeist im Erwachsenenleben werden. Wir können das auch ‹Lebensschuld› nennen oder gar den Begriff der ‹Überlebensschuld› übernehmen, obwohl er hier nicht ganz zutrifft. In der psychoanalytischen Forschung wird er dann gebraucht, wenn Menschen, die einen Krieg überlebt haben, Schuldgefühle hegen gegenüber denjenigen, die in diesem Krieg gestorben sind. Eine solche Überlebensschuld kennen sowohl Menschen auf der Seite der Täter als auch auf der Seite der Opfer.

Wolfgang Beltracchi ist kein Überlebender des Krieges – er wurde 1951 geboren –, sondern ein Kind des Aufbruches, das einfach zu leben beabsichtigte und dabei von all den zukunftsträchtigen Möglichkeiten profitieren konnte, welche die 50er und 60er Jahre in Deutschland boten. Ein Kind, wie er es war, kann aber in eine ‹Lebensschuld› an den Eltern geraten und sich als Verräter an ihnen fühlen, weil sie im Unterschied zu ihm um ihr Leben betrogen worden sind. Es ‹verrät› die Not und das Elend, das seine Eltern durchzumachen hatten, mit seiner Lebendigkeit und Lebensfreude. Das alles passiert auf einer unbewussten Ebene und muss von den Eltern nicht zwangsläufig so kommuniziert werden. Aber Kinder spüren sehr viel, und der kleine Wolfgang scheint in dieser Hinsicht besonders viel wahrgenommen zu haben.

Natürlich ist das Kind nicht dafür verantwortlich, dass die Eltern um ihre Jugend und ihr junges Erwachsenenleben gebracht worden sind. Weil es aber nicht in der Lage ist, das selbst zu erkennen – deswegen sollten es ihm die Erwachsenen erklären –, wird es diese Schuld unbewusst übernehmen und danach handeln. Ich gehe so weit in meiner Vermutung, dass ich die Aussage wage, das Verschwinden von Wolfgang Beltracchis Namen unter seiner Erzählung, die er innerhalb der Geschichte eines anderen Malers platzierte, habe etwas damit zu tun gehabt: Auf diesem Weg, unter falschem Namen, konnte er sein Ich entfalten. Er verschwand zwar, konnte aber dennoch Ich sein. Und auf diese Art sogar seinen Lebensunterhalt bestreiten. Er blieb dabei autonom, kreativ, reich und unschuldig. Die Lebensschuld gegenüber seinen Eltern war mit dem Verschwinden seines Namens eingelöst. Ein ‹Niemand› kann nicht schuldig sein, er existiert ja nicht, also macht er auch nichts.

So kann er sich auch nicht schuldig fühlen, die Eltern mit seinem Erfolg und seiner Vitalität verraten zu haben, denn einen erfolgreichen Fälscher kennt man nicht, ist doch die Voraussetzung seines Erfolges, unerkannt zu bleiben. Wolfgang Beltracchi konnte also unter all diesen Bedingungen oder eher unter deren Umgehung Autonomie, Erfolg und Selbstbestimmtheit verwirklichen. Auf die Idee, dass sich der Beruf des Fälschers dafür eignen könnte, muss man erst einmal kommen, sprich: auf die Idee, mit diesem Beruf alle diese Auflagen umschiffen zu können und dabei sich selbst zu bleiben. Wolfgang Beltracchi konnte mit seinen Betrügereien seine ‹Lebensschuld› einlösen und so seine Eltern, die um ihr Leben betrogen worden waren, beruhigen. Sein Betrug beruhigte sie, weil sein Ich hinter einer anderen Identität verschwand und somit nicht des Verrates bezichtigt werden konnte. Auch sein Ich musste – entsprechend dem elterlichen Ich, das durch den Überlebenskampf vernichtet wurde – ausgelöscht werden, durfte nicht zur Geltung kommen, musste unter einem fremden Namen bestehen und konnte dort seine Existenzberechtigung finden. Unter diesem fremden Namen konnte er zusammen mit Helene Beltracchi volle Kraft voraus recherchieren, ausprobieren, tüfteln, malen, betrügen und verkaufen. Indem sie sich mithilfe dieser falschen Identität in die Dimension des elterlichen Lebens einfügten, bedrohten sie diese nicht mit Lebendigkeit.

Dort, wohin sein Name verschwunden ist, dort wo der Betrug begann, erkennen wir das andere Ich: Hier finden wir ein ausgedehntes, lustvolles, in seiner kreativen und monetären Ausformulierung reiches und nicht zuletzt ein selbstbestimmtes Ich. Den Eltern war die Selbstbestimmung durch den Krieg und die Naziherrschaft entzogen worden, und nach dem Krieg gleich nochmals, da der Wiederaufbau zur zentralen nationalen Angelegenheit wurde und ausserhalb dieses Kanons nichts anderes zuliess. So war auch das Leben nach dem Krieg eines, das vom Krieg bestimmt wurde. Kein Wunder also, dass die Selbstbestimmung für Helene und Wolfgang Beltracchi ein grosses Bedürfnis und unausweichliches Muss ist. Gleichzeitig ist ihnen die Unabhängigkeit ein besonderes Anliegen, da ihre Erfahrungen mit Abhängigkeiten nicht sehr erfreulich sind: Sie waren abhängig von Eltern, die – traumatisiert vom Krieg – elterliche Funktionen wie Trösten, Beruhigen, Heilen, Vermitteln von Sicherheit und Aufgehobensein nicht übernehmen konnten, sondern in dieser Hinsicht selbst bedürftig waren und damit ihre Kinder belasteten.

Der Beruf des Vaters

Die Sehnsucht nach Unabhängigkeit ist auch eine Sehnsucht, diesem Auftrag der Parentifizierung zu entkommen, sich – zu Recht – davon zu entlasten. Und sich auch zu entlasten von der ‹Lebensschuld›, einen Tribut leisten zu müssen für das ruinierte Leben der Eltern. Ausser Willi, der 1928 geborene Älteste der Geschwister, haben laut Wolfgang Beltracchi alle Kinder der Familie gemalt. Alle haben den Beruf des Vaters in irgendeiner Form übernommen, einige haben das Malen auf einem zweiten Bildungsweg erlernt, andere ausschliesslich als Hobby gepflegt. Er, der Jüngste, sei der Begabteste gewesen und habe als Einziger die Anerkennung des Vaters erhalten. Und das nicht etwa, indem er gelobt wurde, sondern indem die Versuche der anderen Geschwister abgewertet wurden.

WB *Das einzige Lob, das ich vom Vater je bekommen habe, war indirekt. Mein Bruder Fritz hatte seine Verlobte porträtiert und zeigte das Bild voller Stolz dem Vater. Wir alle sassen am Küchentisch, und dann sagte mein Vater: «Ach, lass das mal den Wolfgang machen.» Das war sein einziger Kommentar. Und das war eigentlich ein Kompliment für mich. Mein Bruder zuckte zusammen, er fand das gar nicht lustig, und ich auch nicht. Es war mir total peinlich, und ich habe nur gedacht: Scheisse! Mein Bruder hat mir das auch nie verziehen. Als ich im Gefängnis sass, hat er einmal zu mir gesagt: «Ich habe immer gewusst, dass du in der Gosse landen würdest.»*

HB *Wir dürfen nicht vergessen, Wolfgang hat sein Leben ohne die älteren Geschwister geführt. Sie konnten die Nähe zueinander nie finden. Zwischen dem Ältesten und Wolfgang lag eine ganze Generation, und zwischen allen Geschwistern und Wolfgang gab es unentwegt Streitereien um dies und das.*

WB *Ja, sie hatten eine ganz andere Mentalität. Die 60er Jahre, als es so richtig losging, als die Jugend- und Studentenbewegung begann, waren für die älteren meiner Geschwister unbegreiflich. Die kamen damit nicht klar.*

Erfolgreich in der Malerei war nur Wolfgang Beltracchi. Und das unter falschem Namen. Dass die meisten der Kinder über das Malen eine Nähe zum Vater herzustellen versuchten, scheint mir augenfällig. Ich wage zu behaupten, dass es dabei nicht nur darum ging, zum schweigenden und emotional abwesenden Vater eine Beziehung aufzubauen, sondern auch um eine Flucht vor der Mutter. Und hier werfen wir nochmals einen Blick auf die zuvor beleuchtete ödipale Phase des Kindes: Ein Kind braucht den Vater, braucht dessen «Nein», um sich von der Mutter abzulösen und in die Welt hinauszugehen; die Buben brauchen es auch, um das Begehren auf andere Frauen als die Mutter, die Mädchen, um es auf andere Männer als den Vater richten zu können. Bei einem emotional abwesenden Vater kann das Kind dieses Bedürfnis zu stillen versuchen, indem es aktiv dessen Nähe sucht, die Nähe zu dem Menschen, der den Ausweg aus der mütterlichen Symbiose garantiert. Auffällig ist, dass ausser dem Ältesten Willi alle Kinder der Familie dasselbe Bedürfnis hatten und es alle auf dieselbe Art zu stillen versuchten. Ebenso ins Auge springt, dass alle mit der Malerei keinen Erfolg hatten ausser dem Jüngsten mit seinen Fälschungen. Das wiederum lässt vermuten, dass der Vater keinen

Ausweg aus den Erwartungen und der Umklammerung der Mutter bieten konnte, denn sonst hätten sich die Kinder mit ihm als unversehrtem Mann mit grossem malerischem Talent identifizieren können. Doch es kam anders: Die Kinder waren sich allesamt darin einig, die Mutter zu lieben und den Vater zu verachten. Dieses Ungleichgewicht beziehungsweise diese Einstimmigkeit ist aussergewöhnlich und lässt den Schluss zu, dass der Vater emotional stets abwesend geblieben war und damit als Identifikationsmöglichkeit wegfiel. So wurde die Mächtigkeit der Mutter in ihrer Opferhaltung unentrinnbar.

«Wolfgang kann stundenlang träumen. Damit bringt er mich auf die Palme. Ich muss ihn dann jeweils ermahnen zu arbeiten, da wir Termine haben.»

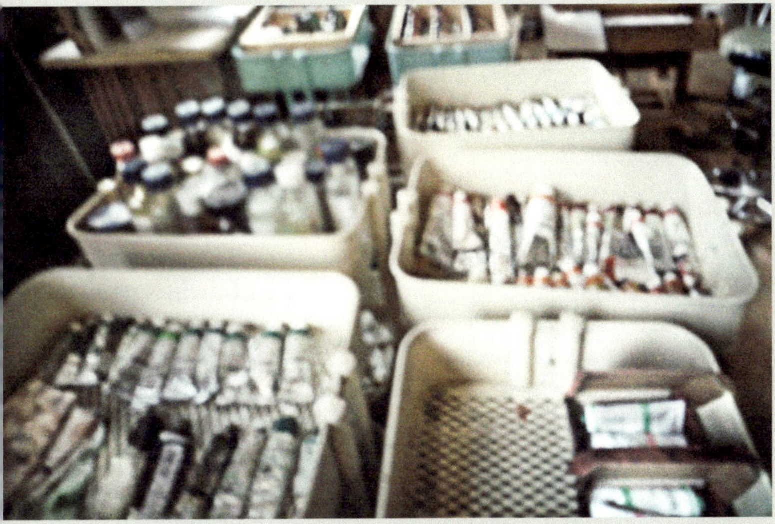

Das starke Opfer

Wenn Kinder Zeuge elterlicher Zerwürfnisse werden, versuchen sie stets, mit dem schwächeren Elternteil loyal zu sein, um diesen nicht zu destabilisieren. In Wolfgang Beltracchis Familie jedoch war die Mutter die Starke, darin sind sich alle Kinder einig. Sie war diejenige, die im Krieg die Kinder durchbrachte, die hart arbeitete, um alle ernähren zu können, die nach der Evakuation der Familie aufs Land eine neue Existenzgrundlage aufbaute – also unbestritten eine kreative, intelligente und starke Frau und Mutter. Wenn diese starke Mutter gleichzeitig immer in Schutz vor dem Vater genommen werden musste, dann liegt der Verdacht nahe, dass sie sich als Opfer ihres Ehemannes in Szene gesetzt hat und die Kinder ihr Schutz und Liebe versprachen, Schutz vor dem Ehemann und auf dessen Kosten. Wozu braucht eine solch starke Frau Schutz vor dem Ehemann, fragte ich mich? Warum brauchte es in dieser Familie eine Person, die als Täter gebrandmarkt wurde?

Solche Konstellationen sind nicht unüblich. Doch für Kinder, die im Krieg oder gleich danach zur Welt kamen, wird eine Opfer-Täter-Struktur in der Familie zur weiteren Auflage, ihre eigenen Bedürfnisse so weit zurückzunehmen, dass sie das ‹Opfer› nicht noch mehr belasten, sondern im Gegenteil dessen Leben mit allen Mitteln schützen, auch auf Kosten des eigenen Lebens. So wurde die Mutter, die Starke, beschützt und der Vater, der Schweigsame, der Stalingrad, die Westfront und die Gefangenschaft überlebt hatte, mit Missachtung und Verachtung bestraft. Das ist nicht zuletzt auch ein Hinweis, wie nach dem Krieg mit aller Kraft versucht wurde, wieder ein normales Leben zu etablieren, das Tagesgeschäft wieder aufzunehmen, als ob nichts gewesen wäre. Die Kinder mussten sich in dieser Dynamik zurechtfinden, und um selber das Gefühl zu finden, geschützt und zugehörig zu sein, galt es für sie, denjenigen Elternteil zu schützen, der bedroht war. Und wenn sich die Mutter als Opfer des Vaters inszenierte, dann wurde sie geschützt, um nicht selber in ihre Fänge der Verachtung zu kommen. Diese Form der Parentifizierung kennen wir alle aus dem familiären Alltag, doch zusammen mit dem Kriegstrauma der Eltern wird sie für das Kind zu einer Auflage, unter der das Ich nur noch im Verborgenen stattfinden kann, um nicht zum Verräter zu werden.

Sobald sich das Kind mit seinem eigenen Ich beschäftigt, wird es seiner elterlichen Funktion nicht mehr gerecht. Sich um sich selbst, um seine Bedürfnisse zu kümmern, wird mit enormen Schuldgefühlen verbunden sein, der Schuld, den anderen verraten und in seiner Not im Stich gelassen zu haben. So kam Wolfgang Beltracchi auf die Idee, sein Ich zu fälschen, ihm einen anderen Namen zu geben, es in den Kontext eines anderen Ich zu setzen und so zu Erfolg und einem Ich-sichernden beziehungsweise die Existenz sichernden Einkommen zu gelangen. Aus psychoanalytischer Sicht handelt es sich hier um eine äusserst kreative Leistung: Einerseits bleibt das eigene Ich vor Gefühlen der Schuld und des Verrats geschützt, andererseits wird dem anderen der Schutz nicht entzogen; das Ganze gewinnt an Selbstbestimmtheit und Unabhängigkeit.

Die Entlastung der Eltern von diesem Ich und damit von den eigenen Schuldgefühlen ihnen gegenüber fand – wie das folgende Beispiel zeigt – auch ihren Niederschlag in ganz alltäglichen Dingen, wobei gleichzeitig auch die Sehnsucht nach Unabhängigkeit befriedigt werden konnte:

WB *Ich habe schon mit 16 in einem Nachtclub in Aachen gekellnert und dabei wesentlich mehr verdient als mein Vater. Nur wussten das meine Eltern nicht, und ich habe es ihnen auch nicht auf die Nase gebunden. Schon mit 15 war ich unabhängig und habe mich grösstenteils selber durchgebracht. Ich habe viele verschiedene*

Jobs gemacht, mit den unterschiedlichsten Arbeiten Geld verdient: mit Erdbeerenpflücken zum Beispiel - ach, wie viel Erdbeeren habe ich gepflückt!

Schadlos

Seien wir ehrlich: Wolfgang Beltracchis Betrugskonstrukt hat in den langen Jahren seines Fälscherlebens niemandem, wirklich niemandem Schaden zugefügt. Im Gegenteil, alle waren mit seinen Bildern zufrieden und glücklich. Sie waren es einfach mit etwas ‹Falschem›. Doch hinter diesem Falschen vermochte sich ein Ich zu verbergen und unbeschadet zu halten, das zum Verräter an den Eltern geworden wäre, hätte es sich selbst verwirklicht. So wurde dieses Ich zum Betrüger am Kunstmarkt, hat aber die Kunstliebhaber:innen mit seinen Werken gleichzeitig beglückt. Andere zu beglücken, ohne als Ich selber beteiligt zu sein, und dennoch nicht zu kurz zu kommen, ist meines Erachtens für Wolfgang Beltracchi der unbewusste Antrieb zu fälschen. So wie er als Kind die Eltern beglückt hatte, indem er ihre Wünsche und Bedürfnisse befriedigte oder zu befriedigen versuchte; indem er sein Ich hintanstellte, verbarg, um dieser Funktion gerecht zu werden, indem er Lücken füllte und die Eltern das Angebotene gierig aufsogen, so passierte es auch mit dem Kunstmarkt. Während die bedürftigen Eltern gleichsam nach

Trost, Halt, Beruhigung und Zukunft dürsteten, dürstete es den ausgetrockneten Kunstmarkt nach neuen Objekten.

Das Beherrschen der Handschrift eines anderen Malers ist eine Fähigkeit, die unter diesen Voraussetzungen zur Perfektion getrieben werden konnte: Die Beltracchis konnten der Nachfrage gerecht werden, sie haben den Markt mit dem ‹Richtigen› beliefert – so wie sich Wolfgang Beltracchi bereits in seiner Geschichte, beim Aufwachsen, um das richtige Verhalten bemüht hatte, schon damals mit grossem Erfolg. Zu wissen, dass die Nachfrage bleibt und das Gelieferte das Richtige ist, beruhigt ungemein. So sind alle beruhigt, ohne dass Wolfgang Beltracchi selber zu Schaden kommt, ohne sein eigenes Ich zu verlieren, ohne Angst, allenfalls aus Beziehungen ausgeschlossen zu werden, sollte das Erwartete nicht in zufriedenstellender Qualität geliefert werden.

Wenn mit dem Falschen das Richtige getan werden kann – warum auch nicht? Die Nachfrage des Kunstmarktes wie auch das Bedürfnis eines einzelnen oder vieler anderer Menschen nach Nähe und Beziehung kann antreibend sein, weil die auf die Befriedigung dieser Bedürfnisse folgende Beglückung wieder auf einen zurückfällt. Somit kann es auch Spass machen, die Sache fortzusetzen. Bei Helene und Wolfgang Beltracchi war das so.

Wolfgang Beltracchi
in der Handschrift von Heinrich Campendonk:
Blauer Mäher

Wolfgang Beltracchi
in der Handschrift von Heinrich Campendonk:
Porträt Franz Marc (Rückseite von Blauer Mäher)

HB *Je erfolgreicher wir waren mit dem Verkauf der Bilder, umso höher setzten wir die Latte, umso mehr haben wir zusätzliche Geschichten erfunden, weil uns dieses Spiel grossen Spass machte. Wir haben teilweise Fährten gelegt, die waren so kompliziert, dass nie jemand draufgekommen wäre.*

WB *Das mit dem Campendonk-Bild war auch so eine schöne Geschichte. Der Wahnsinn. Ich habe oft Campendonk-Bilder gemalt, die auf einer Liste standen, welche er von seinen gemalten Bildern anfertigte. Eine handschriftliche Liste, da standen nur die Titel der Bilder drauf, mehr nicht: Ölgemälde, Titel. Da stand also: ‹Der rote Mäher› und ‹Der blaue Mäher›, und also war unsere Schlussfolgerung: Er hat einen roten und einen blauen Mäher gemalt, und ‹Der rote Mäher› hängt in Heidelberg…*

JF *Und der blaue?*

HB *‹Der blaue Mäher› war offenbar verschollen. Und normalerweise kannst du dir sicher sein: Ein verschollenes Bild aus jener Zeit, es stammt von 1914,* *taucht nie mehr auf, das ist in einem der beiden Weltkriege verschwunden.*

WB *Campendonk hat ja viele seiner Bilder zerschnitten oder übermalt. Und dann habe ich etwas gemacht, das mir viel Arbeit bereitete, aber nichts als Ärger einbrachte. Ich bin nach Heidelberg gefahren und habe mir ‹Der rote Mäher› angeschaut. Dann habe ich mir überlegt – um so richtig Spass zu haben –, eine Leinwand doppelt zu bemalen. Das habe ich schon einmal gemacht. Ich malte also den verschollenen blauen Mäher und auf der Rückseite ein Bild von Franz Marc. Der hatte ja nebenan von Campendonk gewohnt, die beiden hatten sich dauernd gesehen. Da waren die beiden Bilder also soweit fertig, kamen schon aus meinem selbstgebastelten Alterungsofen, sahen schön alt aus, und Lena wollte sie auf den Markt bringen. Da fällt uns ein Katalog von Christie's in die Hände, in dem ‹Der blaue Mäher› zum Verkauf angeboten wird.*

JF *Das Original?*

WB *Ich schaute mir das Bild genau an und sagte: Das ist kein Campendonk. Das soll von 1914 sein? Das soll jetzt ‹Der blaue Mäher› sein? Auf keinen Fall!*

JF *Auch eine Fälschung?*

WB *Ich weiss auch von wem. Ich kenn den Typen.*

Helene und Wolfgang Beltracchi recherchierten unermüdlich und mit grosser Lust. Dazwischen konstruierte Wolfgang Beltracchi den oben erwähnten riesigen Backofen, um den Alterungsprozess von Leinwänden vorzutäuschen. Einmal geriet dieser Ofen wegen Überlastung in Brand, den die von den Nachbarn alarmierte Feuerwehr löschte. Niemandem ist aufgefallen, welchem Zweck dieser Backofen diente. Die beiden fanden heraus, welche Farben die jeweiligen Künstler benutzten und wie sie diese herstellten; sie entdeckten, wie das Holz der Rahmen aus der damaligen Zeit verarbeitet sein musste und welche Etiketten darauf kleben mussten. Und sie befassten sich mit der Konsistenz des Leims, mit dem diese Etiketten aufgeklebt waren. Und das alles stellten sie von Hand möglichst originalgetreu her.

WB *Da kommt im Fernsehen dieser Hauptkommissar mit einem Bild von mir und sagt, die Aufkleber auf der Rückseite des Rahmens seien mit einem Sekundenkleber befestigt worden, was ein*

Beweis für eine Fälschung sei. Der hatte ja keine Ahnung, wie ich diese Aufkleber da hingekriegt habe. Einen Leim habe ich mit Knochen hergestellt, den anderen mit selbst produziertem biologischem Mehl, damit keine Pestizide aus der Gegenwart nachweisbar wären. Alles von Hand. Und wenn du schon einmal ein Bild mit einem Aufkleber gesehen hast, dann weisst du, dass das Holz darunter etwas heller ist. Das ist wie ein Bild, das lange an der Wand hängt: Die Tapete darunter bleibt heller als der Rest. So habe ich unter dem Aufkleber das Holz gebleicht.

HB *Manchmal hat Wolfgang den Aufkleber sogar beschädigt und dann die Stelle darunter auf dem Holzrahmen weniger stark gebleicht.*

WB *Die ganz schlauen Experten haben den Aufkleber vorsichtig abgelöst, ein Stückchen davon abgekratzt, und dann kam das helle Holz hervor…*

JF *…also musste es echt sein!*

HB *Genau, das war dann der Beweis der Echtheit.*

Von Wolfgang Beltracchi kreierte
und nachempfundene Galerie-Aufkleber

SAMMLUNG FLECHTHEIM
Kunsthandlung
FRANKFURT AM MAIN
GALERIE KAHNWEILER
28, Rue Vignon, 28
Schames
ELK
Der Sturm / Zeitschrift / Herausgeber Herwarth Walden
Ständige Ausstellungsräume:
Berlin W 9 / Potsdamerstraße 134a
Name des Künstlers A. Derain
Wohnung Paris
Titel des Kunstwerks Fischer in Collioure
SAMMLUNG WERNER JAEGERS KOELN
Kunstsalon Emil Richter
Dresden Pragerstraße
Künstler
Titel
No.
BARCELONA

Auf ihren Reisen studierten Helene und Wolfgang Beltracchi die Originale des Künstlers, der für die nächste Fälschung vorgesehen war. Sie lasen Monografien, Zeitdokumente, Geschichtsbücher, Tagebücher, Briefe. Mit all diesen Informationen im Kopf setzte sich Wolfgang Beltracchi dann vor die Leinwand und malte. Er habe jeweils das vollständige Bild vor dem inneren Auge, sagt er, und das Malen sei eher ein mechanischer Akt, ein etwas mühsamer. Wenn er die Wahl hätte, würde er diese Arbeit lieber lassen. Das Drumherum schien und scheint ihm mehr Spass zu machen, nicht zuletzt, weil er das Alleinsein beim Malen nicht sehr schätzt. Es sei Wolfgang, der ein Bild erschaffe, sagt Helene Beltracchi, ihre Vorstellungskraft reiche nicht so weit wie diejenige ihres Mannes. Er würde jeweils stundenlang vor der Leinwand sitzen und träumen. Manchmal bringe er sie damit auf die Palme. Sie müsse ihn nicht selten ermahnen, endlich einmal zu arbeiten, weil sie Termine einzuhalten hätten.

Träumen und Schlafwandeln

Geträumt habe er schon immer sehr viel, sagt Wolfgang Beltracchi. In Träumereien zu versinken, sich in andere hineinzuversetzen, deren Geschichten und Beziehungen zu erträumen, das möchte er nicht missen, obwohl es mit Müdigkeit verbunden sei. Es ist aber nicht das Tagträumen an sich, das ihn müde macht, sondern die Bewegungslosigkeit dabei. Wenn ein Ich gezwungen ist, sich in die Bewegungslosigkeit zurückzuziehen, wie es bei Wolfgang Beltracchi schon in der Kindheit der Fall war – ein Sechsjähriger sitzt nicht freiwillig stundenlang auf der Bank hinter dem Haus –, dann können wir davon ausgehen, dass dieser Rückzug auch ein Schutz war. Schutz also auf Kosten der Beweglichkeit, der Vitalität und mit dem Preis der Müdigkeit, den Wolfgang Beltracchi gelernt hat in Kauf zu nehmen. Doch Schutz wovor? Wenn Helene Beltracchi klagt, dass ihr Mann stundenlang untätig – zumindest äusserlich, von den an ihn gestellten Erwartungen her gesehen – vor einer Leinwand sitzt, gewinnen wir aus diesem Verhalten Aufschluss über die Schutzfunktion des Träumens. Könnte es nicht sein, dass dies der einzige Ort, oder besser gesagt die einzige Zeit war, in der Wolfgang Beltracchi in Ruhe gelassen wurde als Kind, als Jugendlicher und als junger Erwachsener? In der er alleine seinen Träumereien nachhängen konnte, ohne irgendwelche Erwartungen erfüllen zu müssen, die ihn, wie wir gesehen haben, ohnehin überforderten? Dass er hier Ich sein konnte, wenn auch, wie er selbst sagt, zum Preis der Müdigkeit? Denn beim Träumen, auch beim Tagträumen, ist man bewegungslos, inaktiv aussen und aktiv innen. In den Träumereien ist man abgeschnitten von der Realität, kann diese herausblenden. Das macht ein Kind nur, wenn die Realität unerträglich und überfordernd ist.

Dieser Schutzraum bot dem jungen Wolfgang Beltracchi die Möglichkeit, das eigene Ich in seiner sehr beweglichen Fantasie zu verwirklichen, und verschaffte ihm die Gelegenheit, austreten zu können aus der Sorge um die Familie, aus Kummer, Streitigkeiten, Ängsten und Ohnmachtsgefühlen. In diesem Zusammenhang erscheint es sehr logisch, dass Wolfgang Beltracchi in jungen Jahren eigentlich zum Film wollte. Hier hätte er all die Erzählungen seiner Träumereien auf die Filmleinwand bringen können statt auf die Malleinwand. Als er jedoch mit 17 vom Gymnasium gewiesen wurde, hatte er keine Aussicht, in die Filmhochschule aufgenommen zu werden, die ein Mindestalter von 21 Jahren voraussetzte. Seine Mutter empfahl ihm, stattdessen an zwei Werkkunstschulen die Sonderaufnahmeprüfung für Begabte zu absolvieren und mit der Malerei zu beginnen; mit 21 könne er dann noch immer zum Film wechseln. An beiden Werkkunstschulen wurde er aufgenommen, und keine schloss er ab, wie viele begabte Menschen, denen die Erwartungen eines Schulalltags fast schon genetisch zuwider sind.

HB *Nach unserer Verurteilung bekamen wir einen Anruf von einem ehemaligen Realschullehrer von Wolfgang. Der musste inzwischen uralt sein. Er sagte: «Ich wusste schon immer, dass aus dem Jungen was wird – aber nicht, dass er sowas wird.»*

WB *Ich war damals sein Vorzeigeschüler. Ich denke, er konnte sich an mich so gut erinnern, weil er einmal von der Aufnahmekommission der Werkkunstschule Aachen als Gutachter beigezogen worden war. Ich habe ja an zwei Schulen eine Sonderbegabtenprüfung gemacht und musste in Aachen auch eine Mappe mit Zeichnungen und Aquarellen vorweisen. Die Prüfer meinten, ich hätte die Arbeiten gefälscht – also war ich damals schon mit diesem Vorwurf konfrontiert (lacht) – oder von älteren Semestern geklaut.*

Sie waren überzeugt, dass ich mir die irgendwo besorgt hätte und dass die nie und nimmer von mir wären.

JF *Und, waren sie von dir?*

WB *Ja, ja. Die Zeichnungen und Bilder sahen auch schon ein bisschen alt aus und waren auch schon ein bisschen alt. Wie alt ist er denn? 17? Dann müsste er diese ja mit zwölf oder 13 gemacht haben. So haben sie meinen ehemaligen Realschullehrer geholt, und der bestätigte, dass er diese Arbeiten alle kannte und sie von mir seien.*

JF *Wann hast du denn mit dem Malen angefangen?*

WB *Ich male eigentlich schon immer – welches Kind malt nicht in seiner frühen Kindheit? Das machen doch alle, und alle Eltern haben Freude an diesen Bildern, hängen sie auf, rahmen sie ein. Aber so richtig habe ich mit zwölf begonnen. Da habe ich das Malen auch gelernt, bei meinem Vater. Mein Bruder war Maschinenbauingenieur, hat mit 50 aufgehört und Malerei studiert. Meine Schwester konnte stricken, die hat die wahnsinnigsten Sachen gestrickt, die verrücktesten Kleider, und häkeln konnte sie auch. Nachher hat sie gemalt, Unmengen von ganz kleinen Bildern, der Wahnsinn war das. Die ganze Sammlung gehört nun der Stadt Eupen in Belgien. Und Helga, die andere Schwester, hat Porzellan bemalt, das war ihr Beruf. Irgendwie hat es alle zur Malerei gezogen, alle fühlten sich zu ihr hingezogen und haben dann irgendwann auch gemalt in der einen oder anderen Form. Schon verrückt, nicht? Das muss genetisch bedingt sein, auf jeden Fall.*

Die Ehe

Das bereits professionell betriebene ‹Geschäft› – neben dem Malen der Bilder die Recherche, das Fährtenlegen und der Verkauf – wurde mit dem Einstieg von Helene Beltracchi noch perfektioniert. Als die beiden sich kennenlernten, war Wolfgang Beltracchi schon seit 20 Jahren als Fälscher unterwegs. Die beiden trafen sich 1992 an einem Filmseminar, und es war Liebe auf den ersten Blick. Als Helene Beltracchi nach der ersten gemeinsamen Nacht am Frühstückstisch in einem herumliegenden Ausstellungskatalog blätterte, meinte er zu ihr: «Das hier habe ich gemalt. Kommst du damit zurecht?» Ihr blieb die Wahl, mit ihm zusammen zu sein und in das Geschäft einzusteigen oder sich von ihm zu verabschieden. Helene Beltracchi kehrte nur noch nach Hause zurück, um ihre Koffer zu packen. Sie war über sich selber erstaunt, wie sehr sie die Versuchung, gegen das Gesetz zu verstossen, anzog.

So entstand eine Ehe mit einem nicht ganz alltäglichen Geheimnis, das die beiden über viele Jahre hinweg verband. Ein Betrug verbindet, weil beide etwas zu verlieren haben – es ist eine kleine Betrügerbande. Er verbindet, weil beide fallen werden, wenn einer ausbricht. Beginge einer Verrat, wäre der andere unausweichlich ebenfalls darin verstrickt. Dieser Bindungskitt ist nicht zu unterschätzen. Dass es dem Ehepaar gelang, das Unternehmen ohne Schaden für die Beziehung über Jahrzehnte hinweg zu führen, ist erstaunlich. Umso mehr, als sich ihre symbiotische Zusammenarbeit im Betrug verdichtete, den sie zur Perfektion trieben. Ausser dem Malen, dem Bau von Backöfen und dem Backen von Leinwänden – zwecks Nachahmung einer Alterung – haben sie eigentlich immer alles zusammen gemacht. Die Recherchen der einen flossen in die Recherchen des anderen, und so konnte Wolfgang Beltracchi sich das neue Bild erträumen, um es dann zu malen, wonach es Helene Beltracchi auf den Markt brachte.

HB *Bereits im Sommer des Jahres, in dem wir uns kennengelernt hatten, empfing ich das erste Mal die Gutachterin eines Auktionshauses. Ich war ziemlich nervös. Was tun, wenn sie den Georges Valmier ablehnte, den Wolfgang 1989 gemalt hatte? Wir erfanden eine Geschichte, welche die Provenienz des Bildes erklären sollte. Ich war erstaunt, wie einfach diese Abwicklung dann vor sich ging. Mein Herz schlug*

> *bis zum Hals – aber den Kick, den habe ich auch gespürt. Das Bild wurde versteigert als «bedeutendstes Werk aus der Zeit des Synthetischen Kubismus». Jetzt war der Betrug für mich vollzogen – ich war mitten drin im Geschäft, ich war eingetreten ins Geschäft der Illusionen.*

Sie hätten sich jeweils wahnsinnig gefreut, wenn ein Bild durch die Expertise gekommen sei, das heisst für echt befunden und für den Verkauf freigegeben worden sei. Nicht nur, weil sich all die Arbeit in diesen Fällen gelohnt habe, sondern auch, weil der Kick, den sie dabei empfunden hätten, unersetzlich und wichtig gewesen sei. Die Aufregung und Anspannung angesichts der Frage, ob das Bild als Fälschung enttarnt wird oder nicht. Ob die Geschichte funktioniert, die sie um das Bild herum erfunden haben. Ob die ‹Legende› angenommen und geglaubt wird.

WB *Einmal haben wir eine Spur gelegt, die war richtig gut. Da haben wir echt viel Arbeit drangegeben (beide lachen). Wir haben eine Ausstellung von Stillleben in der Berliner Galerie Flechtheim im Jahr 1924 reproduziert – die Bilder waren im Katalog aufgelistet – und dann fotografiert. Auf diesem Foto siehst du verschiedene Bilder an der Wand hängen, unter anderem einen falschen Fernand Léger, den ich gemalt habe. Diese Ausstellung hat es damals wirklich gegeben, aber keine Fotos davon – und natürlich ohne das gefälschte Bild von mir.*

HB *Das war eine enorm spannende und aufregende Arbeit. Wir haben Schwarzweiss-Kopien der Bilder in Originalgrösse hergestellt, darum herum haben wir Originalrahmen von Flechtheim gebaut, mit Originalaufhängungen und Originaletiketten von Flechtheim, sogar die Wandbespannung des Ausstellungsraums war original Flechtheim – alles war original Flechtheim.*

WB *Das war eine Riesenarbeit. Sogar die Fussleiste der Galerie habe ich nachgebaut. Nachher habe ich mich geärgert, weil sie auf dem Foto gar nicht zu sehen war. Die Schwarz-weiss-Bilder der Ausstellung habe ich mit einer Agfa-Box-Kamera aus den 1920er Jahren aufgenommen. Dann habe ich Fotopapier aus der DDR besorgt, die Kunststoffschicht darauf horizontal abgelöst und auf dieser Oberfläche die Vergrösserungen gemacht. Das Ganze sah aus wie eine Reproduktion aus den 50er Jahren, postkartengross.*

HB *Wegen dieser alten Vergrösserungsmaschine ist bei uns ganz zu Anfang die Hauptsicherung durchgebrannt.*

WB *Und jetzt kommt der Hammer. Hinten auf die Postkarte habe ich eine Widmung geschrieben von Alex Vömel an einen Sammler im Rheinland, Professor Achter. Alex Vömel hatte die Galerie von Flechtheim übernommen, und Achter hatte dort jeweils Bilder eingekauft.*

HB *Es musste ja alles irgendwie zusammenpassen – das war eine Heidenarbeit!*

WB *Der Sohn von Vömel hat die Unterschrift seines Vaters sofort identifiziert. Der hat gesagt, ja, das ist die Schrift und die Unterschrift meines Vaters. Das Landeskriminalamt hat dann einen Experten beigezogen, der bestätigte, dass die Reproduktion echt wäre, sie stamme aus den 50er Jahren. Auch die deutsche technologische Forschungsstelle für Terrorismus bestätigte, dass es sich zu hundert Prozent um ein Repro aus den 50er Jahren handle. Hundert Prozent! Aber wie kam nun auf dieses ‹echte› Foto ein falscher Léger? Darauf konnte sich niemand einen Reim machen.*

HB *Und wie ist eine als authentisch identifizierte Widmung und Unterschrift von Alex Vömel, der ja schon seit 25 Jahren tot war, auf diese Postkarte gekommen? Nach all diesen Expertisen hat die Kriminalpolizei den Fall in die Schublade gelegt.*

Von Helene und Wolfgang Beltracchi
rekonstruierte Stillleben-Ausstellung
in der Galerie Flechtheim in Berlin von 1924:
Foto der Postkarte *Petersburger Hängung*

Foto der Postkarte *Petersburger Hängung,* Rückseite

«mit freundlichem Gruss für Herrn Professor Achter
Alex Vömel»

EX·LIBRIS
VIKTOR ACHTER

Wolfgang Beltracchi
in der Handschrift von Fernand Léger:
Natur morte, 1913

Dass immer alles so reibungslos funktionierte, machte Wolfgang Beltracchi vielleicht etwas nachlässig. Für sein letztes Bild nutzte er das falsche Weiss. Das war der Anfang vom Ende des Fälscherpaars Beltracchi. Und gleichzeitig der Beginn einer ungewöhnlich langen Untersuchungshaft, weil die Polizei ihre Ermittlungen auf einen grossen Fälscherring ausrichtete, den es nie gab. Nur die Schwester von Helene Beltracchi und ein Freund wussten ein bisschen Bescheid über die Aktivitäten des Fälscherpaars. Dieses Paar, das seit 18 Jahren unzertrennlich war, wurde nun durch einen langwierigen Prozess für viele Monate getrennt. Vor allem diese Trennung beklagten die beiden, nebst den miserablen, unmenschlichen Zuständen in deutschen Gefängnissen. Nach dem Urteil – sechs Jahre für Wolfgang, vier Jahre für Helene Beltracchi – wurden sie aus der Untersuchungshaft in den freien Strafvollzug entlassen. Damit startete ihre zweite Karriere als gefeiertes Banditenpaar. Wolfgang Beltracchi wurde von den Medien als genialer «Jahrhundertfälscher» bezeichnet und wurde fortan zum begehrten Kunstmaler. Heute ein Bild von ihm zu kaufen bedeutet, das Bild eines Künstlers und eines Meisterfälschers zu besitzen. Der Name Beltracchi steht nun für beides. Der Name, der vorher zum Verschwinden gebracht wurde, steigt nun wie ein Phönix aus der Asche auf, versehen mit einer neuen Identität und einer doppelten Begabung: einerseits die Handschriften anderer Maler imitieren und andererseits qualitativ hochwertige eigene Bilder malen zu können.

Das Ehepaar Beltracchi, das vorher in seinem Metier im Verborgenen zu bleiben hatte, steht nun im Rampenlicht der Öffentlichkeit. Vorher wurden die beiden in Ruhe gelassen, niemand wollte etwas von ihnen. Wenn sie Geld brauchten, malte Wolfgang Beltracchi ein Bild, und Helene Beltracchi verkaufte es. Vorher konnten sie ihre Zeit selbst bestimmen, nur wenn ihnen das Geld ausging, musste sich Wolfgang Beltracchi an die Arbeit machen, um den Lebensstandard der Familie zu halten. Das sei so circa alle zwei Jahre der Fall gewesen, wie sie sagen.

Nachher

Heute sind Helene und Wolfgang Beltracchi öffentliche Personen. Als ich mit ihnen in ein Restaurant in Zürich essen ging, bemerkte ich, dass sie von den anderen Gästen erkannt wurden, dass man sie beobachtete und über sie sprach. Schliesslich kam sogar ein Jugendlicher an unseren Tisch und bat um ein gemeinsames Selfie. Was für ein Kontrast zu früher! Er könnte nicht grösser sein. Die Beltracchis geniessen, so scheint es mir, beide Arten von Leben. Vielleicht war es an der Zeit gewesen, dass sie aufflogen, um diesen Paradigmenwechsel zu ermöglichen. Manchmal gibt es unbewusste Antriebe für solche Änderungen: Vielleicht hatten die beiden das Bedürfnis nach Öffentlichkeit? Vielleicht machte sich die alte Überlebens- beziehungsweise Lebensschuld bemerkbar und drängte auf Strafe? Vielleicht suchten sie nach einer neuen Form der Anerkennung ihrer Arbeit, ihrer Leistungen? Mehr als die Anerkennung der Expert:innen, Käufer:innen, Sammler:innen und Museen, die ihnen attestierten, dass sie einwandfreie Fälscher waren, dass sie die Handschriften der Künstler perfekt beherrschten und auch die Kunst des Verkaufs, die

Kunst, den gefälschten Werken eine Provenienz zu verleihen, Geschichten über sie zu erfinden, die uns im Nachhinein einfach nur zum Staunen bringen. Vielleicht wünschten sie sich unbewusst auch eine Wertschätzung und Bewunderung, die nicht nur ihren exzellenten Fälscherfähigkeiten galt, sondern endlich ihren eigenen Namen, ihre bisher versteckte eigene Identität als Künstler ins Rampenlicht rückte.

Der Unterschied zur Zeit vor diesem Schritt ist eigentlich nur, dass der Name Beltracchi aus dem Untergrund aufgetaucht, aus dem Verborgenen hervorgetreten ist. Das Aufdecken des Betrugs brachte den verschwundenen Namen zum Vorschein, ja bestand eigentlich im Aufdecken des Namens. Ein Zurück gibt es nun nicht mehr – der Paradigmenwechsel ist endgültig. Die Beltracchis haben sich getrennt von ihrer früheren Arbeit, von ihrem einstigen Geschäft. Sie haben ihre Strafe abgesessen, und sie haben ihre Namen aus dem Verborgenen ans Tageslicht und damit in die Öffentlichkeit gebracht. Die neue, nunmehr öffentliche Anerkennung ist eine, die Helene und Wolfgang Beltracchi gilt. Endlich als die gesehen und anerkannt zu werden, die sie in Wirklichkeit sind, kann sich verständlicherweise zu einem grossen Bedürfnis auswachsen.

Vielleicht suchten sie auch die Bewunderung einer breiten Bevölkerung, deren Begeisterung für den unverfrorenen Mut, mit dem sie ihre Betrügereien in

Millionenhöhe betrieben haben. Anerkennung für ihr Können und Begeisterung für ihr Tun wird ihnen mehr als genug gezollt, und beides bildete eine solide Grundlage, um sich einen neuen Markt zu eröffnen, eine neue Existenz aufzubauen. Die Beltracchis sind für die Medien, die Kunst- und Eventbranche ein gefundenes Fressen, und noch immer werden sie vom Markt gierig aufgesogen. Manche idealisieren sie zu einer Art Bonnie and Clyde der Kunst, ein zusammengeschweisstes Verbrecherpaar, das den gefrässigen und elitären Kunstmarkt betrog.

Nach ihrer Freilassung haben Helene und Wolfgang Beltracchi schnell wieder ein sehr gutes Auskommen gefunden. Bei ihrer Entlassung besassen sie nichts als ein Handy und Schulden in Millionenhöhe. Nach wenigen Jahren waren die Schulden beglichen. Und ihr Leben war völlig anders als vorher: Wolfgang Beltracchi übernahm Auftragsarbeiten – er malte sehr viele Porträts – und hat nun auch mehr Zeit für die eigene Kunst. Also viel mehr Druck und Business und viel weniger ausufernde Träumereien. Vorher hatte niemand etwas von den Beltracchis gewollt – heute wollen alle etwas von ihnen. Das scheint ein weiterer Paradigmenwechsel zu sein. Heute machen Helene und Wolfgang Beltracchi, wie wir alle, Ferien von der Arbeit, früher bedeutete die Arbeit für sie Ferien. Sprich: Zwischen den Zeiten, in denen das Malen eines Bildes fällig war, machten sie das, was ihnen gefiel und was sie genossen. Sie recherchierten und reisten, um zu recherchieren, und Wolfgang Beltracchi sass stundenlang irgendwo und träumte. Es ist ein beträchtlicher Unterschied, ob jeden Tag gearbeitet wird oder nur dann, wenn es für den Lebensunterhalt erforderlich ist.

Der Rest halt

Nicht nur Wolfgang, sondern auch Helene Beltracchi sagt, dass sie beide dasselbe empfinden und dass diese Eigenschaft ihre symbiotische Liebe ausmache. Wenn man die Gefühle anderer empfinden kann und auf dieser Fähigkeit ein Unternehmen aufbaut, ein wirtschaftlich erfolgreiches Unternehmen, dann frage ich mich, ob dieses Sich-Einzwängen in die Realität anderer nicht gleichzeitig die eigene Kreativität einengt. Und ob damit nicht auch die eigene Vitalität aufgegeben wird, wie es damals der sechsjährige Junge tat, der tagelang träumend hinter dem Haus sass. Ist das Schaffen im Kontext eines anderen für Wolfgang Beltracchi eine Beschränkung oder eine Bereicherung, gar eine Erweiterung? Ich frage ihn aus diesem Grund, wer er selbst denn eigentlich sei, wenn er so viele sein könne und noch mehr sein könnte? «Der Rest halt», antwortet er lachend.

Die Grenzen zwischen Ich und Du scheinen sich bei ihm aufzulösen; sie weichen einer Verschmelzung, die der symbiotischen Verschmelzung des Ehepaares Beltracchi ähnlich ist. Die Fähigkeit zu verschmelzen hat zum einen den Vorteil, dass Wolfgang Beltracchi künstlerische Werke schaffen und die Lücken sowohl im Werk als auch im Empfinden anderer – und vermutlich auch in seinem – schliessen konnte; zum anderen ist ein Mensch mit dieser Veranlagung immer auch wehrlos. Denn um sich für sich selber einsetzen zu können, braucht es die Grenzen des Ich. Sonst wird es schwierig. Die Müdigkeit, über die Wolfgang Beltracchi klagt und die er dennoch annimmt, weil er seine Tagträumereien – das sich Hineinträumen in andere kostet sehr viel Energie – nicht missen möchte, zeugt von diesen aufgelösten Grenzen, die gerade die Voraussetzung für sein Können sind, sich die Handschrift anderer anzueignen. Nur mit aufgelösten Grenzen ist dieses osmotische Hin und Her zwischen Ich und Du, zwischen Projektion und Identifikation möglich, ohne dabei verrückt zu werden oder gar sich selbst verloren zu gehen.

Vermutlich wäre die Gefahr, verrückt zu werden, grösser, wenn Wolfgang Beltracchi die Möglichkeit des Kunstschaffens nicht hätte, die Möglichkeit, mit seiner Arbeit ein Bild entstehen zu lassen, eine Materialisierung seiner Träume und seines Fliessens, eine Manifestation in Farbe und Form, die Grenzen setzt, die vermutlich auch seinem aufgelösten Ich Grenzen setzt, womit dieses Ich nicht Gefahr läuft, in seinen Träumereien unterzugehen. So entsteht auch eine Art Rahmen, im wahrsten Sinn des Wortes ein Bilderrahmen, der ihm Halt und Sicherheit gibt. Diese Voraussetzung war, könnte ich mir vorstellen, für ihn geradezu ideal, um die Handschrift eines anderen Malers zu übernehmen: Er konnte sich im anderen verwirklichen, ohne als Ich verloren zu gehen und verrückt zu werden, und er kam so zu genügend Geld, um sich das alles leisten zu können. Ein gelungener Kreislauf.

Wolfgang Beltracchi war zehn Jahre alt, als er mit seinen Tanten im Kunstmuseum in Den Haag spazieren ging und sich dabei in Avercamps Gemälde *Schlittschuhlaufen auf dem Dorfe* selber fand, sich darin zu Hause fühlte – später wird er von einem brüderlichen Verhältnis zum Maler sprechen. Nachdem ihm die Tanten erzählt hatten, dass Avercamp taubstumm gewesen sei, fing der Junge an zu hören, wie die Schlittschuhe im Bild – scht … scht … – auf dem Eis knirschen, wie das Eis unter dem Gewicht der Menschen knarrt und wie die Hunde bellen. Er hatte also bereits als Zehnjähriger die Empfindungslücke von Avercamp wahrgenommen und geschlossen: Er hörte an dessen Statt, er komplettierte und reparierte ihn. «Ich erinnere mich, dass ich beim Verlassen des Museums gedacht habe: Ah, so ist das, deswegen gehen die Leute also ins Museum», sagt Wolfgang Beltracchi dazu.

Verlorene Grenzen

Der Materialisierung eines Bildes vom Traum zu einem konkreten Werk ging – wie bereits beschrieben – jeweils der Prozess voraus, den Künstler als Menschen mit all seinen Wünschen, Nöten und Bedürfnissen wahrzunehmen. Helene und Wolfgang Beltracchi konnten sich ihm nicht nur mithilfe ihrer Recherchen oder mit dem Betrachten und Analysieren seiner Bilder annähern, sondern mit dem Empfinden der Emotionalität des anderen wurde der Künstler Teil von Wolfgang Beltracchi und Wolfgang Beltracchi Teil des Künstlers. So wie er Avercamps Bild zu hören begann, nachdem er erfahren hatte, dass der Maler nicht hören konnte, so müssen wir uns auch die anderen unbewussten Wahrnehmungen vorstellen, die ihn mit den Künstlern verbanden. Wie anders könnte es denn sein? Wenn ein Zehnjähriger zu dünn, zu bleich, stets müde ist und nachts schlafwandelt, dürfte das mit an Sicherheit grenzender Wahrscheinlichkeit auch damit zu tun haben, dass seine Grenzen durchlässig sind.

Doch wie könnte es so weit gekommen sein? Ich kann mir wiederum nur vorstellen, dass die kriegstraumatisierte Familie der Grund war, die traumatisierten Eltern, deren Grenzen als eigenständige Individuen aufgelöst worden waren, die dem Regime der Nationalsozialisten hörig sein, sich für den Krieg verdingen mussten. Wie hätten sie selbstständige Individuen mit ihren persönlichen Wünschen und Bedürfnissen beziehungsweise Grenzen sein können, wenn sie damit riskierten, als Verräter stigmatisiert, ja vielleicht sogar deportiert zu werden? Wie hätten sie Ich sein können, wenn die Gefahr bestand, dass dieses Ich in seiner Eigenständigkeit als schädlich für den ‹Volkskörper› hätte erachtet werden können? Unter solchen Umständen gibt das Ich am besten seine Eigenständigkeit, seine Grenzen auf, um nicht direkt ins Messer zu laufen. Wenn diese Grenzen aufgelöst sind, kommt das einer Ohnmacht gleich, einer Ohn(e)macht. Dann nimmt im gleichen Verhältnis die Kraft ab, um sich für dieses Ich einsetzen und wehren zu können, weil die Aggressionen im Dienste des Ich implodieren.

So tradieren sich Beziehungsstrukturen: Wächst ein Kind in diesen aufgeweichten Ich-Grenzen um sich herum auf, dann hat es keine Chance, sich für sein Ich einzusetzen, denn die Eltern nehmen diese Energie fälschlicherweise als Bedrohung wahr. Das ist verständlich, haben sie doch kein Instrument mehr, um dem Kind Grenzen zu setzen, es in einen Beziehungsrahmen einzufügen. Ihre Kraft reicht dafür nicht mehr aus, ihre Grenzen sind zu schwach und zu anfällig, und so geschieht es, dass die Parentifizierung einsetzt, oft zusammen mit einer grenzenlosen Angleichung der Eltern an die Bedürfnisse ihrer Kinder. Sie haben ihnen nichts mehr entgegenzusetzen. Dieses Verhalten wird häufig als Liebe gewertet, es ist jedoch eher eine Mischung von elterlicher Liebe und elterlicher Wehrlosigkeit. Unter solchen Voraussetzungen wird den Kindern das Gefühl vermittelt, dass sie, wenn sie die Verantwortung für sich selber übernehmen, sich ablösen wollen vom Elternhaus, in eine Schuld an den Eltern – in die erwähnte Lebensschuld – geraten, da sie diese nun im Stich lassen.

Nach der ersten gemeinsamen Nacht blätterte Helene Beltracchi in einem Kunstkatalog, der auf dem Tischchen lag. Wolfgang Beltracchi: «Das hier habe ich gemalt. Kommst du damit zurecht?»

Dünn und bleich

Als Wolfgang Beltracchis Vater, der Schwiegervater von Helene Beltracchi, während des Krieges an die schlimmsten Grenzen (Stalingrad, Westfront) beordert wurde, wurden seine Grenzen, die Grenzen seines Ich aufgeweicht. So ein Vorgang kann bis zum Verrücktwerden gereichen. Dann wird in der Nachkriegszeit ein Sohn geboren, hinein in diese Grenzenlosigkeit, hinein in diese Tradierungslinie. Wo soll er nun die Grenzen hernehmen? Zumal der kleine Wolfgang vom Kriegsgeschehen unversehrt war, ausserdem ein Bub und auch noch der Jüngste und der Letzte, der das Elternhaus verliess – also beste Voraussetzungen, um Elternfunktionen zu übernehmen. Solche Rollen werden unbewusst den ‹Stärksten› in der Familie zugemutet, bis diese selber ausgelaugt sind von diesen Belastungen, bis ihre eigene Gesundheit angegriffen wird. Wolfgang Beltracchi musste schon als Zehnjähriger in eine ‹Kur›. Vielleicht, weil seine einzige Beweglichkeit darin bestand, andere zu lesen, deren Gefühle zu empfinden und sich damit zu arrangieren, anstatt herumzutollen, mit anderen Kindern seine Kräfte zu messen und sich zu vergnügen? Das Vergnügen und die Unbeschwertheit des Lebens scheinen genau so dünn gewesen zu sein wie er als Kind.

Unbeschwert konnte Wolfgang Beltracchis Generation, obwohl nach dem Krieg geboren, wahrlich nicht aufwachsen. Sie hatte das Trauma des Krieges im Schweigen der älteren Generation mitzutragen, ohne zu wissen, worum es geht, ohne es einordnen zu können. Die Unbeschwertheit wich der Beschwernis, und weil diese nicht aufgelöst werden konnte, schlafwandelte das Kind nachts umher; das Unbewusste, all das Verdrängte, welches das wache Bewusstsein tagsüber noch abzuwehren vermochte, steuerte das schlafwandlerische Handeln. Ein solchermassen geplagtes Kind kann sich körperlich und geistig quasi verflüchtigen: Es wird dünn und bleich und wird das Leben nur noch in seiner Fantasie leben. So wie Wolfgang Beltracchi. In seiner Fantasie erdachte er Erzählungen vom Leben und malte sie dann. Die Erzählungen anderer, schöne Erzählungen, Erzählungen, die andere beglückten, reparierten und vervollständigten. In seiner Fantasie träumte er sich hinein in die Lücken der anderen, hier begann er zu hören, was Avercamp zu hören nie möglich war.

In derart viele Maler – über hundert waren es – hineinzufliessen, ohne den eigenen «Rest» zu verlieren, scheint mir waghalsig und riskant. Doch schien es Wolfgang Beltracchi zu gelingen, auf zwei Gleisen zu fahren. Es hätte ja auch durchaus passieren können, dass er sich in der Lücke der anderen verlor, dass er der realen Welt abhandenkam, dass er Avercamps Schlittschuhe hörte und nicht mehr aufhörte, sie zu hören. Aber er schien den Weg zurück immer wieder gefunden zu haben. In diese Fähigkeit scheint er Vertrauen zu haben. Ich kann mir vorstellen, dass seine feste Intention, das Knirschen der Schlittschuhe dann selber zu malen, es zu verbildlichen, alle seine Träumereien manifest werden zu lassen, ein Halt gewesen sein könnte, der ihn zurückführte in die handfeste Realität, in der er zu arbeiten und eine Familie zu ernähren hatte. Dabei scheint Helene Beltracchi eine nicht unwichtige Funktion gehabt zu haben, indem sie ihn zurückholte aus seinen Träumereien und ermahnte, jetzt doch zu arbeiten, da Termine einzuhalten seien.

Grenzziehungen

Halten wir also nochmals fest: Die Gefühle anderer Künstler empfinden zu können, stellte für Wolfgang Beltracchi einerseits sicher, dass er in Ruhe gelassen wurde, und eröffnete ihm andererseits einen Weg, um im Kontext des jeweiligen Malers einen Rahmen für seine Träumereien zu finden und die Erzählungen daraus in seiner Malerei manifest werden zu lassen. Das Malen der Bilder mit den gefälschten Unterschriften vermochte alles Notwendige in sich zu vereinigen und füllte auch seine eigene Lücke, die Lücke der grenzenlosen Verlorenheit beziehungsweise der verlorenen Grenzen.

Das endgültige Verschwinden seines Ich – des «Restes» – scheint für Wolfgang Beltracchi also keine Gefahr gewesen zu sein. Im Gegenteil: Ohne das Verschwinden im anderen Künstler und ohne das Fortführen von dessen Erzählung in der Malerei wäre er in Gefahr gewesen, in der Grenzenlosigkeit zu verschwinden. Im anderen zu verschwinden, rettete ihn also vor dem völligen Verschwinden seines Ich. Dass er dafür die Hand- und Unterschrift anderer Künstler nutzte, scheint mir aus dieser Perspektive betrachtet mehr als logisch. Warum sollte er unter die gefälschten Bilder seine eigene Unterschrift setzen? Er war ja der andere? Und warum sollte sein Ich wieder als Name in Erscheinung treten, nachdem es im anderen verschwunden war? Das passte einfach nicht.

Wolfgang Beltracchis Ich kam wieder zum Vorschein, sobald das Bild fertig gemalt und bereit für den Verkauf war. Dann war sich dieses Ich voll bewusst, dass nun der Betrug begann, dass nun ein Bild auf den Markt kam, dessen Unterschrift gefälscht war. Daran hatten die Beltracchis Spass, sie freuten sich über ihre Erfolge, freuten sich wie kleine Kinder, dass ihnen niemand auf die Schliche kam. Hier wurde das ganz reale Ich zu einem, das betrog, wissentlich betrog, und sich ganz real als gefälschtes Ich dem gefrässigen Markt aussetzte, von dem es gierig verschlungen wurde, um sich so selber vor dem Verschlungenwerden zu retten. Wie damals als Kind. Dieses Kind konnte sein Ich vor dem Verschlungenwerden durch eine vermutlich sehr bedürftige Mutter retten, die ihren kriegsversehrten Ehemann als Partner ‹verloren› hatte und nun im vom Krieg unversehrten Letztgeborenen ein tröstendes, belebendes, schützendes und geistig aufgewecktes Gegenüber fand. Und um weder die Mutter noch den Vater zu enttäuschen oder zu verraten, um die Familie nicht zu destabilisieren mit seiner eigenen Vitalität und seinem Bedürfnis nach Weite und Ausdehnung des Ich, wurde das Kind diesen Anforderungen gerecht, füllte es diese

Lücken mit seinem Ich, versuchte es die anderen glücklich zu machen, zu reparieren und zu komplettieren, ohne dabei verloren zu gehen.

Später, als Erwachsener, konnte Wolfgang Beltracchi sich damit schützen, dass es ihn nicht gab. So blieb er geschützt vor dem parentifizierenden Auftrag, geschützt vor Übergriffen, geschützt auch vor der Beschuldigung, ein Verräter zu sein, sollte er sich nicht an die ihm überantworteten Aufträge halten. Gleichzeitig konnte er sein Bedürfnis nach Ausdehnung, Bedeutung und Anerkennung um die Namen von Max Ernst, Heinrich Campendonk, André Derain, Fernand Léger, Max Pechstein und vielen anderen mehr erweitern. Diese Erweiterung fand stets unter falschem Namen statt, denn so konnte Wolfgang Beltracchi der Gefahr entkommen, als Verräter an einer kriegsgeschädigten Familie zu gelten, an einem Elternpaar, dessen Leben durch den Krieg zerstört, dessen Erfolg, eigene Ausdehnung und Anerkennung vernichtet worden waren. Er konnte das Risiko umschiffen, aus der Familie ausgeschlossen zu werden, falls er den Bedürfnissen – vor allem den mütterlichen – nicht gerecht würde. So wie sein Vater, der verachtet wurde und aus dem familiären Zusammenhalt gefallen war. Die maximale Ausdehnung seines Ich ‹ermalte› er sich im wahrsten Sinne des Wortes, und seit der Ent- beziehungsweise Aufdeckung dieses Ich gilt Wolfgang Beltracchi als unübertroffener Jahrhundertfälscher. Das war er vorher schon gewesen, nur hatte es niemand gewusst. Auch seine perfekte Maltechnik war bereits vorher indirekt anerkannt worden: Jede erfolgreiche Fälschung muss ja so gut sein, dass sie nicht als solche erkannt wird.

Nach der Verurteilung von Helene und Wolfgang Beltracchi wegen Betrugs wechselte die Kundschaft. Und der Verdienst. Die beiden hatten sehr gut verdient, ihre gefälschten Werke waren in Millionenhöhe gehandelt worden. Doch nun blieb das Einkommen vorerst auf null. Ein neues Unternehmen musste ‹erfunden›, gestartet werden, nicht zuletzt, um die vom Gericht festgelegten Schulden in Millionenhöhe zu bezahlen.

Senden und empfangen

Helene Beltracchi erzählt, dass ihr Mann ständig auf Empfang und Sendung wäre. Dass er auch alles kommentieren müsse, sich und anderen ständig Fragen stelle. Mit ihm ins Kino zu gehen sei unmöglich, weil er die Sitznachbar:innen mit seinen Kommentaren oder Fragen ständig ärgere: Warum tut der oder die jetzt genau das, es wäre doch viel einfacher, es so und so zu machen. Im Zürcher Restaurant, in dem wir essen gingen, hat Wolfgang Beltracchi sofort die Tische, Stühle und Kissen umarrangiert, ganz nach seinem Geschmack. Er formt also nicht nur in der Malerei, er formt alles, was ihm unter die Finger kommt. Man könnte sagen, dass er sich in jedem Augenblick ‹sein Zuhause› einrichtet. Vielleicht, damit er selber nicht verschwindet im anderen?

Menschen, deren Ich verschwinden kann, um irgendwo wieder aufzutauchen, deren Ich hineinfliessen kann in ein anderes Ich, laufen Gefahr, verloren zu gehen. Diese Gefahr besteht unentwegt, sie fährt sozusagen mit im Seitenwagen ihres Lebens. Ebenso besteht die Gefahr, dass sie mit ihren offenen Grenzen der Welt wehrlos ausgesetzt sind. Daher ist es für sie vernünftiger, die Welt gleich nach eigenem Gutdünken zu formen, um ihr so die Bedrohlichkeit zu nehmen. Mit solchen Vorbereitungen kann sich Wolfgang Beltracchi gemütlich an den Tisch im Restaurant setzen und essen und schwatzen. Anderen Menschen hingegen fällt es weniger schwer, sich in gemachte Nester zu setzen, sich darin aufgehoben zu fühlen und vollumfänglich zufrieden zu sein. Wolfgang Beltracchi jedoch fühlt sich vermutlich eher in einer Welt aufgehoben, die er nach seiner Fasson formen kann. Dann hat er sie im Griff und nicht die Welt ihn.

Die Fühler ausstrecken – diesen Ausdruck kennen wir alle. Sie ausgestreckt zu lassen, kann als Bild für eine besondere Achtsamkeit gegenüber dem Austausch zwischen Ich und Du, zwischen Ich und der Welt stehen. Es bedeutet auch, dass ein Mensch mit ständig ausgestreckten Fühlern nie zur Ruhe kommt. Es ist eine unentwegte Anspannung, die wohl auch müde macht. Und wenn er als Kind jahrelang schlafwandelte, bleich und dünn wurde, um dann plötzlich bei einem Bild von Avercamp zu hören, was der Maler nicht hören konnte, dann nennt Wolfgang Beltracchi das einen «Gendefekt». Und meint damit seine Fähigkeit, die eigenen Grenzen aufzulösen und in anderen Menschen zu verschwinden, und diesen «Gendefekt» umzuwandeln in eine Ausdrucksform, die ihm ermöglichte, nicht mehr darunter zu leiden, sondern ihn zu nutzen. So konnte sich Wolfgang Beltracchi mit seinem «Gendefekt» eine Identität schaffen.

Im letzten gemeinsamen Gespräch sagte er unerwartet und für mich wie aus dem Zusammenhang gerissen, dass ihn das Verschwinden von Menschen interessiere: «Ich interessiere mich für die Rollen der Menschen in der Welt und in der Zeit. Und ich interessiere mich für ihr Verschwinden. Niemand kann einfach so irgendwohin verschwinden. Es gibt kein: Und er ward nicht mehr gesehen. Es sind wir, die diese Menschen nicht mehr sehen!» Damit hat er völlig recht, denn das Ausweiten der eigenen Grenzen bedeutet das Verschwinden des Ich, das Entschwinden in das andere Ich. Das macht es so schwierig, diese Menschen als eigenständige Subjekte wahrzunehmen, nicht zuletzt deswegen, weil sie schon als Kind nicht in ihrer Eigenständigkeit wahrgenommen worden waren. Aus diesem Grunde ist es stimmig, wenn Wolfgang Beltracchi sagt, dass wir es seien, die «verschwundene» Menschen nicht mehr sähen. Und dass er Avercamp wohl als seinen Bruder bezeichnet, weil er in ihm auch einen «Verschwundenen» vermutet und sich deshalb mit ihm verbunden fühlt.

Im selben Verhältnis, wie sich die eigenen Grenzen ausweiten bis beinahe zum Verschwinden von Ich, steigt auch die Wehrlosigkeit dieses Ich. Denn die Fähigkeit, uns für uns selbst zu wehren und einzusetzen, bedingt ein Recht auf ein eigenständiges Ich, das nun verteidigt und geschützt werden kann. Wenn dieses Ich, wie wir es bei Wolfgang Beltracchi vermuten müssen, von den kriegstraumatisierten Eltern in eine Parentifizierung eingebunden wurde, dann hatte es zu verschwinden. Denn sich für dieses Ich einzusetzen und für dessen Bedürfnisse zu wehren, hätte bedeutet, sich der zugewiesenen Funktion zu entziehen, die Familie zu stabilisieren, zu beruhigen, zu reparieren und glücklich zu machen. Wir finden hier also die Wehrlosigkeit, die einhergeht mit der Öffnung der eigenen Grenzen, mit dem Ausrichten der Achtsamkeit auf die Bedürfnisse anderer. Und damit wird die Welt zudringlich: Sie darf nicht gemäss den eigenen Bedürfnissen reguliert werden, ohne dass mit Sanktionen auf emotionaler Ebene gerechnet werden muss. Zum Beispiel mit Ausschluss aus Gemeinschaft, aus Beziehung. Da schliesst man sich doch lieber gleich selber aus. So hat man zumindest die Kontrolle darüber – auch als Betrüger und Betrügerin.

Der Mensch ist dem Menschen ein Bedürfnis

Der Öffnung der Aufmerksamkeit voraus geht ein Erwartungsdruck, dem das Kind nachgeben muss. Es ist eine Art von Schuldigkeit, in die es hinein geboren wird und der es unbewusst nachkommen wird, weil es keinen Vergleich mit einem Zustand frei von diesen Erwartungen hat. Das Kind wird sich diesem Erwartungsdruck kaum entziehen können, zumal ihm seelische Anwälte fehlen, die dieses Szenario überblicken könnten. Sie fehlen in unserem speziellen Fall vor allem deshalb, weil es eine ganze Generation war, die vom Krieg betroffen war. Folglich konnte es auch keinen emotionalen Ausweg aus dem Auftrag der Parentifizierung geben. Im Gegenteil, der Auftrag war mächtiger und erbarmungsloser, weil alle so dachten und handelten, wie es von ihnen erwartet wurde. Auch an Angehörigen der zweiten und dritten Nachkriegsgeneration können wir noch ablesen, dass sie das Bedürfnis haben, die Kriegsgeneration von Schuld und Mitverantwortung freizusprechen, aber auch von Ohnmacht und Unkenntnis zu entlasten, ihnen im Nachhinein Gutes zu tun, sie zu reparieren.

Diese Parentifizierung, oft könnte man auch von Grand-Parentifizierung sprechen, ist ein unbewusst erteilter Auftrag an ein Kind, das ihn auch unbewusst aufnimmt und zu erfüllen versucht. Damit soll das Bedürfnis der Eltern nach Nähe, Anerkennung und Aufgehobensein befriedigt werden, das urmenschliche Bedürfnis nach ‹Heilung› – nicht nach einem Medikament, einer medizinischen Behandlung, sondern nach einem Menschen, nach Bindung. Nur: Diese Bedürfnisse sollten von gleichaltrigen Menschen gedeckt werden. Fehlen diese, wird oft auf Kinder ausgewichen, die diesem Auftrag nicht gewachsen und ihm ausgeliefert sind, weil sie ihm nichts entgegensetzen können. Sie spüren die Erwartungen, die an sie gestellt werden und sich zur Schuldigkeit auswachsen, eine Funktion erfüllen zu müssen, und sie haben dabei keine Möglichkeit, dem zu entgehen. Sie spüren, dass es jetzt ganz wichtig ist, den Vater und die Mutter zu stützen, zu unterstützen, um Schlimmeres abzuwenden – was das sein könnte, entzieht sich der Vorstellungskraft des Kindes. Dieser Erwartungsdruck kann unerbittlich sein, und ihm zu entsprechen ist für ein Kind oft der beste Weg, um sich eine Zeit auszubedingen, in der es in Ruhe gelassen wird.

Das Bedürfnis solcher Kinder, einfach mal in Ruhe gelassen zu werden, um den eigenen Träumereien nachgehen zu können, ist oft sehr stark. Einmal Ich sein zu dürfen, mit den eigenen Grenzen und ohne die

Gefahr, dass diese Grenzen aufgelöst werden durch die Erfüllung der Ansprüche und Erwartungen anderer. Und auch ohne Angst haben zu müssen, dass sie die hilfsbedürftigen Eltern verraten mit ihrem Streben nach Autonomie und Vitalität, mit ihrem Bedürfnis nach Kontakt mit anderen Kindern oder nach Ablösung von den Eltern. Daher verhalten sich solche Kinder gerne still, versuchen sich zum Verschwinden zu bringen, um sich so einem weiteren Auftrag zu entziehen. Auch Wolfgang Beltracchi brachte sein Ich zum Verschwinden, um in Ruhe gelassen zu werden, und genau dieses Ich kam dann unter gefälschtem Namen, quasi unter einem Pseudonym zum Vorschein, als Max Ernst oder André Derain oder Heinrich Campendonk und viele andere mehr. Das ‹Pseudonym› erlaubte ihm sichtbar zu werden, das verschwundene Ich sichtbar zu machen über die Erzählung, die er in Malerei umsetzte, über die Lücke, die er füllte, um so sein Ich zum Leben zu erwecken. So traf er zwei Fliegen auf einen Schlag: Zum einen konnte er arbeiten, kreativ sein, seine Erzählung einbringen, zum anderen beschädigte und vernachlässigte er niemanden und geriet auch nicht in die Schuld, durch seine Autonomie und Unabhängigkeit Verräter an den traumatisierten und hilfsbedürftigen Eltern zu sein. Im Gegenteil – er reparierte.

Das Leck im Boot

Trauma heisst auf Griechisch ‹Wunde›, in unserem Zusammenhang könnten wir sinngemäss von einer Wunde im Boot beziehungsweise einem Leck im Boot sprechen. Wenn eine Familie in einem Boot wohnt, das ein Leck hat, dann sind nicht nur die Eltern, sondern auch die Kinder damit beschäftigt, dieses Leck zu stopfen und das eingedrungene Wasser aus dem Boot herauszuschöpfen. Die Kinder sind daran interessiert, die Eltern zu entlasten und sie so zu beruhigen, was sich wiederum beruhigend auf die Kinder auswirkt. Alle arbeiten an diesem lecken Boot, an den Schäden, die das Leck verursacht. Es erfordert ihre ganze Aufmerksamkeit, und wer nicht am Leck repariert, sondern ab und zu das Boot verlässt oder nach anderen Booten Ausschau hält, seine kreative Energie ins Herumtoben mit anderen Kindern, in Freiheit und Neugierde investiert, der weiss, dass er seine Familie im Stich lässt, sie verrät. Demgegenüber ist aber auch das Kind in diesem Boot verraten, weil es in seiner Freiheit eingeschränkt und in eine Aufgabe eingebunden ist, die eigentlich den Eltern obläge. Eigentlich sollten sie dem Kind ein Boot ohne

Leck bereitstellen. Wenn ein Elternteil die Nähe und Wärme des Kindes sucht, dann sträubt sich dieses Kind anfangs, weil es dazu keine Lust hat und merkt, dass es das nötige tröstende und wärmende Instrumentarium nicht hat; es braucht selber Zuwendung und Wärme, und zwar von den Eltern. Vor allem braucht es ein Boot, das trägt. Und nicht eines, das dem Untergang zusteuert. Ich denke, dass alle Eltern der Kriegsgeneration wünschten, ihren Kindern das bieten zu können, und dass sie ihr Bestes gaben. Doch der Krieg vernichtete ihre guten Absichten und war gleichzeitig verantwortlich für alle diese persönlichen und familiären Lecks, für deren Reparatur sich niemand zuständig erklärte. Denn sämtliche Reparaturanstrengungen galten dem Wiederaufbau des Landes, das Individuum wurde ausser Acht gelassen. Das Gegenteil wäre besser und auch nachhaltiger gewesen, denn bei Menschen, deren Wunden ernst genommen und behandelt werden, setzt ein Heilungsprozess ein, der einen viel stabileren Boden für einen neuen Staat ergeben würde.

Wolfgang Beltracchi hat das Boot der Familie nur in den Zeiten verlassen, in denen er träumte, ansonsten war auch er zuständig für das Reparieren des Lecks. Dabei erlernte er das Hineinfliessen in die anderen, das Missachten seiner eigenen Grenzen, das Übergehen seiner eigenen Wünsche und Bedürfnisse. In diesem Boot lernte er das Empfinden anderer zu empfinden, sprich: deren Bedürfnisse wahrzunehmen und zu befriedigen, um auf diesem Weg die Situation im Boot zu befrieden. Das Hineinfliessen in andere muss gelernt werden, mit dieser Fähigkeit kommt ein Mensch nicht auf die Welt. Bei Wolfgang Beltracchi war diese Fähigkeit ausserordentlich ausgeprägt, was darauf schliessen lässt, dass es für ihn die einzige Möglichkeit war, Nähe und Beziehung herzustellen. Wenn ein Kind sich auf diese Weise sein emotionales Überleben sichern kann, ist das als hohe kreativ-emotionale Leistung anzuerkennen. Herauszufinden, was den eigenen Bedürfnissen nach Beziehung dienen könnte, ist grundsätzlich ein kreativer Akt, eine kreative Leistung.

Wolfgang Beltracchi hat es herausgefunden und gemerkt, dass ihm die Anstrengung, das Empfinden anderer zu empfinden, eine spezielle Art des Aufgehobenseins ermöglichte, wenn auch unter Ausschluss seines Ich. Denn das Ich musste zeitweise zum Verschwinden gebracht werden, weil es sich im Empfinden der anderen aufzulösen hatte. So ist das Geld, das er mit seinen Betrügereien erwirtschaftet hat, als eigentlicher Lohn anzusehen, der wiederum diesem verschwundenen Ich eine reale Existenz ermöglichte. Mit dem Betrug erst konnte er sein Ich manifest werden lassen: Hier war es nicht aufgelöst, sondern wurde stabil, beständig. Hier war – nebst der Lücke – der einzige Ort, an dem sein Ich handeln konnte. Wolfgang Beltracchi fand also Auswege aus dem verwundeten Leben im verwundeten Boot, die für alle Beteiligten richtig gut waren. Und er rettete auch sein Ich, brachte es zum Verschwinden, wenn es angesagt war, und brachte es zum Vorschein, wenn es angesagt war. Der Erlös aus dem Betrug war gleichzeitig seine Erlösung, die Erlösung seines Ich aus der Versenkung, aus der Fessel dieses familiären Nachkriegsnarrativs.

Auf dieselbe Weise reparierte er die Einschränkung des Malers Avercamp: Er hörte an dessen Statt, malte dieses gehörte Bild und brachte dann als Urkundenfälscher auch sein eigenes verschwundenes Ich auf den Markt. Seine Identität ist hier, wo der Betrug beginnt, wo er eine andere Unterschrift unter das Bild setzt, wo nur er und seine Frau Helene wissen, dass es die falsche Unterschrift ist. Gleichzeitig trifft an diesem Ort beides zusammen: Das Hineinfliessen in den anderen wird durch das Malen des Bildes abgeschlossen, bekommt hier seine Grenzen, einen Rahmen; sich im anderen zu verlieren ist nicht mehr möglich.

Mit der Setzung des Pseudonyms, des falschen Namens, in dem er seinen zum Verschwinden bringt, stellt er sein Ich wieder her. So paradox das klingt, es funktioniert: Wolfgang Beltracchi taucht aus dem ‹grenzenlosen› See des Verschwindens im anderen auf, setzt bewusst einen anderen Namen unter sein Gemälde und schafft sich eine Ich-Identität mit dem Mittel des Betrugs, der gleichsam als Scharnier zwischen diesen beiden Welten zu verstehen ist. Der Betrug bietet ihm Sicherheit vor dem Verschwinden und auch die Gewähr, dass niemand etwas von ihm will, denn als erfolgreicher Betrüger bleibt er bedeckt und somit kann niemand etwas von ihm wollen. Er ist geschützt davor, die Wünsche und Bedürfnisse der anderen zu befriedigen, er ist Ich.

Dabei brachte er es nicht nur zur Meisterschaft in technischer Hinsicht, im Lesen und Nachahmen der Handschrift anderer Künstler, sondern auch im Wahrnehmen des Empfindens anderer. Meister auch im Aufspüren der Lücken in deren Leben und Werk und im Füllen dieser Lücken. Er füllte die Lücken der Künstler und er füllte die Lücken seiner Eltern, so wie das Wasser eines Baches alle Klüfte seines Bettes füllt, und stabilisierte damit das Wohlbefinden anderer Menschen oder noch besser – machte sie glücklich. Dabei entstanden Produkte, die wiederum alle beglückten, nicht zuletzt auch ihn und seine Familie: Sie konnten sich ein Leben leisten, das sich fern von irgendwelchem Druck abspielte, ob nun ein Produktionsdruck, Leistungsdruck oder Erwartungsdruck.

Wehrlos

Wolfgang Beltracchi hatte einen Weg gefunden, diesem Druck zu entkommen, indem er sich die familiären Aufträge zum Beruf machte: Er las die anderen, floss in sie hinein, reparierte, machte glücklich und brachte sein Ich zum Verschwinden, ersetzte es mit einem falschen Namen. Im Kontext, im Rahmen des ‹Pseudonyms› nun konnte er sich entfalten. Hier fand sein Ich statt, seine Geschichte, hier waren seine Erzählungen drin, hier breitete er sich aus und hier war er vor Druck geschützt, weil er keine Erwartungen zu erfüllen hatte. Unter dem falschen Namen war er auch geschützt vor der Wehrlosigkeit, die mit dem ermüdenden Hineinfliessen in andere, mit dem Glücklichmachen anderer einhergeht. Diese Konstruktion war seine Rettung. Unter falschem Namen zu beachtlichem Reichtum zu kommen, eine Familie zu gründen und zu ernähren und die grosse Anerkennung von Expert:innen, Auktionator:innen und Sammler:innen zu gewinnen – das war gekonnt. Und sich so gleichzeitig vor Druck zu schützen und vor Situationen, die ihn wehrlos gemacht hätten.

Wolfgang Beltracchi sagt, wenn er näher als einen Meter an mich heranträte, dann könnte er mich lesen. Er ist aber nicht nur fähig, mich zu lesen, sondern hat mich so auch einigermassen unter Kontrolle. Er ist mir quasi stets einen Schritt voraus, hat mit wenig Unberechenbarkeit meinerseits zu rechnen und gerät nicht in Gefahr, wehrlos zu sein. So schützt ihn das Lesen anderer also auch vor der eigenen Wehrlosigkeit. Dass das Hineinfliessen in andere ihn dann müde macht – das wissen wir inzwischen von ihm –, nimmt er in Kauf: Es ist der Preis für diese Träumereien, und schliesslich hat «halt alles seinen Preis». Wenn Wolfgang Beltracchi in alles hineinfliesst, dann ist er auch immer alles selber. Das hat Vor- und Nachteile: Ein Vorteil ist, dass er sich im anderen – einem Maler zum Beispiel – ausbreiten und dort sein Ich zum Tragen bringen kann. Hier ist sein Ich vollkommen geschützt und den Anforderungen der Parentifizierung nicht mehr wehrlos ausgeliefert. Es kann sich kreativ entfalten. Ein Nachteil ist, dass er dennoch den unbewussten Druck der Schuld zu tragen hat, der die Ursache der Müdigkeit ist. Ein weiterer Vorteil ist, dass Wolfgang Beltracchi mit dem Hineinfliessen in andere die Kontrolle über diese erhält, was wiederum den Nachteil hat, dass er auf das Gefühl von Aufgehobensein vermutlich eher verzichten muss. Ausser bei seiner Frau Helene.

Das symbiotische Paar

Helene Beltracchi hat Wolfgang Fischer ihren Namen gegeben, weil er seinen nicht mochte. Den Namen ‹Fischer› abzulegen war ihm recht, zumal im italienischen Namen seiner Frau auch eine gewisse ‹Grandezza›, eine ‹künstlerische Aura› mitschwingt. Helene Beltracchi hatte 1992, als sich die beiden ineinander verliebten, ihre Beziehung zu einem Mann abgebrochen, dessen Kinder sie aufzuziehen half, und war zu Wolfgang Fischer gezogen; sie hatte auch ihren Job aufgegeben. Sie wusste, was sie erwartete, er hatte ihr erzählt, wie er seinen Lebensunterhalt verdient. Und sie wusste auch, dass sie da mitmachen musste, wenn sie diesen Mann haben wollte. Dass es unumgänglich war. So führten sie nun gemeinsam das von Wolfgang Beltracchi begonnene Geschäft fort und brachten es miteinander so richtig zur Blüte.

Am 23. September 2010 schrieb ihr Wolfgang Beltracchi während ihrer Untersuchungshaft in Köln folgendes Gedicht:

Mein Engel
Hab keine Angst, ich bin da,
auch wenn du mich nicht siehst,
in deinen Gedanken bin ich da,
vielleicht schöner, als ich je war.

Hab keine Angst, ich bin bei dir,
dein Schmerz ist mein Schmerz,
bitte schenke ihn mir.
Mein Herz ist dein Herz, tauschen wir,
ich nehme deinen Schmerz
und gebe dir mein Herz dafür.

Hab keine Angst, ich bin da,
nun schlägt mein Herz in dir.
Es ist warm, es ist schön, es
schlägt nur für dich, weine nicht.
Ich liebe dich.[5]

Zum Zeitpunkt, als dieses Gedicht entstand, waren die beiden bereits 18 Jahre verheiratet und hatten eine 17-jährige Tochter; der Sohn aus der vorangegangenen Beziehung von Wolfgang Beltracchi war 22 Jahre alt. Das Gedicht offenbart uns, wie ineinander verflochten die beiden in ihrem Ehe- und Familienleben waren. Im Gefängnis haben sie sich permanent Briefe geschrieben, 8000 Seiten insgesamt, sodass die Zensoren sich beschwerten und die Briefe mit grosser, manchmal wochenlanger Verspätung zugestellt wurden. Bis zu ihrer Verhaftung waren die beiden nie mehr als einen Tag getrennt gewesen. Helene Beltracchi sagt, eine gelungene Symbiose sei ein Willensakt, der die Voraussetzung brauche, dass «da jemand ist, der das empfindet, was du empfindest». Man würde sich im anderen suchen und finden und komme sich sehr nahe. Die Verschmelzung mit dem, der anderen ist von beiden gewollt – ein Willensakt, wie Helene Beltracchi sagt, und dementsprechend ein freiwilliger, selbstbestimmter Akt. Dass sie dazu fähig waren, ermöglichte ihnen als Paar vermutlich ihre waghalsigen Unternehmungen, vor denen ein Normalsterblicher zurückgeschreckt wäre. Ich denke, zusammen jahrelang den Kunstmarkt zu betrügen und damit reich zu werden, braucht diese symbiotische Grundkonstante: einerseits, weil es alleine nicht zu bewerkstelligen wäre, andererseits hätte ein einseitiger Bruch dieser Bindung das Leben des jeweils anderen und damit auch das eigene zerstört. In einer symbiotischen Beziehung bedeutet eine Trennung immer die Zerstörung beider Beteiligter.

So ist es für Wolfgang und Helene Beltracchi unumgänglich, zusammen den Pas de deux zu gehen und in diesem Gleichschritt zu bleiben. Das mit dem Betrug verbundene Geheimnis verbindet sie. In der Symbiose bilden zwei eine Einheit, und wenn eines von ihnen stirbt, dann ist auch das zweite am Sterben. Wenn sie sterben würde, würde er es auch, schrieb Wolfgang

Beltracchi im Gefängnis an seine Frau, als sie krank war und sich ihr Zustand aufgrund mangelnder Behandlung verschlechterte. Die Symbiose könnte man mit einer Schwangerschaft vergleichen, in welcher der Kreislauf der Mutter und der des Embryos aneinandergekoppelt sind und in früheren Zeiten der eine sterben musste, wenn die andere es tat; mit der heutigen Medizin ist es jedoch möglich, diese schicksalshafte Koppelung zu unterbrechen. So birgt die Symbiose immer das Moment der Zerstörung in sich. Die Beltracchis sind dafür das beste Beispiel: Als das symbiotisch-betrügerische Unternehmen wegen eines Fehlers des einen aufflog, wurden beide verhaftet, angeklagt und verurteilt. Sogar die eigentliche Verhaftung hatte einen symbiotischen Charakter: Sie versuchten sich gemeinsam zu stellen, da sie wussten, dass ihnen die Polizei auf der Spur war. Die Ermittler schenkten ihnen jedoch kein Gehör; sie gingen von einem grossen Fälscherring aus, führten die Verhaftung mit einem unverhältnismässigen Polizeieinsatz durch – und trennten die beiden voneinander. Über ihre Liebesbriefe konnten Wolfgang und Helene Beltracchi ihre Symbiose beatmen, sich ihrer gegenseitig versichern, sich des anderen versichern. In Briefform konnten sie die Herzen austauschen: «Mein Herz ist dein Herz, tauschen wir.»

Die monatelange Trennung während der Untersuchungshaft war wie ein physischer Schmerz, wie beide versicherten. Sie wurde jedoch mit den Briefen und mit der Kraft ihrer Fantasie und ihres Geistes aufgehoben. Diese Kraft war sicher wichtig, damit sie – die Abwesenheit des und der anderen nicht gewohnt – nicht niedergeschlagen oder gar depressiv und suizidal wurden. Wenn zwei zu einem verschmolzen sind, dann bedeutet Trennung Schmerz, auch physischen Schmerz. In einer nicht symbiotischen Beziehung hingegen ist eine Trennung mit Trauer verbunden. Schmerz ist aber etwas anderes als Trauer, es ist das Symptom einer Verwundung. Diese beiden unterschiedlichen Befindlichkeiten werden gerne miteinander vermischt; der Schmerz wird unnötigerweise mit der Beilage ‹Trauer› romantisiert und so entschärft. Der Schmerz einer getrennten Symbiose ist jedoch existenzieller, und er entbehrt der Trauer. Aus diesem Grund birgt eine symbiotische Beziehung immer dieses schmerzliche Element in sich, das es zu vermeiden, zu umgehen gilt. Mit der gegenseitigen Versicherung ihrer Liebe, wie die beiden es in ihrer Gefängniskorrespondenz taten, konnten sie diese Gefahr bannen. Denn Menschen, die gewaltsam aus einer Symbiose getrennt werden, sind verloren, wenn sie sich des anderen nicht vergewissern können.

So ist es auch nicht möglich, nur von Wolfgang Beltracchi zu reden, von seinen Bildern, denn die Erzählungen, die in den Bildern zum Ausdruck kommen, sind ihre gemeinsamen. Helene Beltracchi recherchierte online, in Museen, in Bibliotheken, in Archiven, korrespondierte mit Expert:innen, um die Künstler ganz scharf in den Fokus zu bekommen, um Wolfgang Beltracchi möglichst viele Zugänge zu ihnen zu ermöglichen. Sie ist ihrem Mann nahe, dessen Empfinden sie empfinden kann, und Wolfgang Beltracchi war den Künstlern nahe, deren Empfinden wiederum er empfinden konnte. Das, was Helene Beltracchi am ‹lebenden Subjekt›, ihrem Mann, gelang, gelang Wolfgang Beltracchi am ‹toten Subjekt›, dem Künstler, dessen Handschrift er jeweils nachahmte.

> «Hab keine Angst,
> ich bin da, nun schlägt mein Herz in dir.
> Es ist warm, es ist schön (…)»

Das Ineinanderfliessen von Ich und Du wird in diesem Gedicht von Wolfgang Beltracchi sehr treffend ausgedrückt. Dieses Herz ist gleichsam aufgehoben im anderen Körper, der Schreibende findet es schön, dass es nun im anderen warmen Körper schlagen, in diesem Körper aufgehoben sein kann, und dass er diesem anderen Körper wiederum sein Herz geben, ihm Trost spenden kann, der auch zum Trost für ihn selber wird. Das gegenseitige Aufgehobensein im anderen könnte nicht besser ausgedrückt werden.

Auch die Angst wird angesprochen, die Angst von Helene Beltracchi, die er mit seinem Herzen beruhigen kann, wobei wohl seine Angst mit dem Spenden von Trost an sie ebenfalls beruhigt wird. «Mein Herz schlägt in dir» kommt dem gleich, was wir so oder ähnlich aus Liedern kennen: «Ich hab mein Herz verloren.» Um in einer symbiotischen Beziehung das Risiko zu verringern, dass das Herz abhandenkommt, muss man sich des anderen versichern. Der Verlust des Herzens würde in diesem Fall nicht nur zur Folge haben, was wir gängig als «Herzschmerz» bezeichnen, er wäre deutlich bedrohlicher, existenzieller, er würde mit Ohnmacht und unermesslicher Angst einhergehen.

Es besteht stets die Möglichkeit, dass das Herz in der Brust des anderen verloren gehen könnte, wenn dieser oder diese andere eines Tages beschliessen würde auszubrechen. Folglich setzt das ‹Verschieben› der Herzen ein grenzenloses Vertrauen voraus. Wobei: Sind die Kreisläufe einmal aneinandergekettet, schlägt das Herz des einen in der Brust des anderen und umgekehrt, ist diese Abhängigkeit gegenseitig, solange die Symbiose besteht. So wärmt sich das Herz an der Wärme des anderen Körpers, und dieser Körper wiederum wird mit dem tröstenden, beruhigenden Herzen des anderen beruhigt. Enger umschlungen könnte kein Paar sein. Wobei eine Umschlingung keinen Herzenstausch bedeutet, sondern vielmehr das Herstellen einer grösstmöglichen Nähe zum anderen Menschen, jedoch ohne Grenzen auflösende Momente. Aus einer Umschlingung können wir uns jederzeit gefahrlos lösen, aus der Symbiose nicht.

So waren und sind Wolfgang und Helene Beltracchi ineinander Verschlungene, die nicht nur die Herzen tauschen, sondern auch ein Geheimnis teilten. Um die Fälschungen durchzuführen, brauchte es eine unbedingte Loyalität, denn in jedem Atemzug steckte das Wissen um die Verflechtung des einen mit der anderen. Grundsätzlich hätte die Verhaftung die Symbiose sprengen, das Ehepaar spalten können – der eine hätte versuchen können, dem anderen mehr Schuld anzuhängen. Doch nichts Derartiges geschah, die Symbiose blieb dicht und überstand die trennende U-Haft, das Urteil und die anschliessende Gefängnisstrafe, die sie im offenen Vollzug wieder vereint verbüssen konnten.

Die Beltracchis erachten den Kunstmarkt an und für sich als betrügerisches Geschäft. Als sie darin selber mit betrügerischen Mitteln agierten und erfolgreich waren, dürfte sich unweigerlich ein Gefühl des Triumphes eingestellt haben, weil sie es geschafft hatten, die Betrüger zu betrügen. Triumphgefühle haben etwas Verbindendes, das gemeinsame Geniessen des Triumphes kittete die Symbiose zusätzlich. Gleichzeitig erhöhte sich mit jedem neuen Bild die Gefahr, dass die beiden entdeckt werden und die Symbiose gesprengt wird. So können innere Abhängigkeiten entstehen, die Abhängigkeit vom Triumphgefühl, vom Kick des Betrugs – oder mit anderen Worten ausgedrückt: Das Ganze kann einen Suchtcharakter entwickeln.

Solange die Abhängigkeiten bestehen, solange hält die Symbiose. Dieses Gebilde ist auch ein gefährliches, weil das eigene Herz nun im anderen liegt, da gut aufgehoben sein soll und in dieser Wärme weiterschlagen, für den anderen schlagen will. Und indem es für den anderen schlägt, kann die Wärme des anderen Körpers bestehen und damit das Aufgehobensein des Herzens intakt bleiben. An dieser Stelle möchte ich das Rad nochmals zurückdrehen und die Frage aufwerfen, inwieweit Helene Beltracchi zur Vitalisierung und Reparation ihrer Eltern beitragen musste, indem sie deren Herzen einen warmen Körper geboten und so zu deren Beruhigung beigetragen hatte. Und damit wiederum sich selber beruhigen konnte, weil die Familie nun stabilisiert war. Genauso wie Wolfgang Beltracchi die eigenen Grenzen verlassen musste, um zu reparieren, um Beziehung herzustellen, um die Wunden der anderen zu heilen, damit die Familie durch seine Ablösung nicht destabilisiert wurde.

Wenn zwei Erwachsene eine symbiotische Verbindung dieser Art eingehen, dann ist das in sich stimmig. Wenn ein Kind jedoch keine andere Wahl hat, als sein Herz dem anderen zur Verfügung zu stellen und ihm stets seine Liebe zu beteuern, um ihn so am Leben zu halten und ihm seine Ängste zu nehmen, dann müssen wir aufhorchen. Eine ganze Generation schweigender Kriegstraumatisierter hat auf diese Weise eine ganze Generation schweigender Reparateure geschaffen.

Diese Kinder versuchten das Leck im Boot zu heilen, indem sie sich als Pfropf zur Verfügung stellten.

Das junge Herz schlägt im anderen und fühlt sich dort geborgen und aufgehoben. Der warme Körper des anderen, der das Herz aufnimmt, erfährt wiederum eine Lebendigkeit, die er ohne dieses Herz missen würde. Wenn das Herz weggeht oder wenn der wärmende Körper weggeht, dann ist das unausweichlich mit der Schuld verbunden, das Leben des anderen zu gefährden, es gar zu zerstören. Also bleibt die Verbindung bestehen, ebenso wie das Gefühl, dem anderen die Rettung aus der emotionalen Not, das eigene Leben schuldig zu sein. Und so wird die Liebe des Kindes verwickelt in eine Schuldigkeit gegenüber dem anderen, gar die Verpflichtung, dem anderen Leben und Lebendigkeit zu ermöglichen. Unter diesen Umständen erscheint jede autonome Bewegung im Licht des Verrats, und damit wird dieses Kind sein Leben lang Mühe haben, diese Grenze wieder zu schliessen, sein Herz zurückzunehmen und ein Ich ohne Schuld zu wagen. Ein Ich, das seine Ruhe haben will, ein Ich, das nicht zur Verfügung zu stehen hat, ein Ich, das keine Erwartungen erfüllen muss. Ein Ich, das die Wahl hat, auch nichts von sich zu geben, ohne damit das Leben des anderen und die Beziehung zu riskieren.

Was ist unter diesen Voraussetzungen vernünftiger, als im Erwachsenenleben ein Pendant zu finden, das dieselben Ich-Strukturen aufweist? Das Liebe und

Nähe ebenfalls über die Auflösung der eigenen Grenzen erfahren hat? Das ebenfalls gelernt hat, mit Wehrlosigkeit umzugehen, denn das Herz mit einem anderen Menschen zu tauschen bedeutet ja, der Welt mit aufgelösten Grenzen begegnen zu müssen, ihr nicht als umgrenztes Ich mit einer Verantwortung für sich selber gegenüberzustehen. Denn in der symbiotischen Verschmelzung besteht immer eine Verantwortung für mindestens zwei Ich, und weil das eigene Herz im anderen und dieser andere der wärmende Körper ist, können beide nur gemeinsam agieren, so aber auch eine gemeinsame Stärke entwickeln. Auf diese Weise werden sie nie die Verantwortung für einen Verrat übernehmen müssen und auch nicht die Verantwortung dafür, den anderen im Stich gelassen zu haben, ihm etwas schuldig geblieben zu sein, dem anderen sein Ich schuldig geblieben zu sein.

Der kreative Betrug

Helene und Wolfgang Beltracchi haben den Hochseilakt, den sie in ihrer Kindheit zu vollziehen hatten, um ihr Ich nicht zu verlieren, dank ihrer Kreativität bewältigen können. Sie haben sich selbst und sie haben den Eltern und der Familie Genüge getan. So konnten sie die Klippe einigermassen umschiffen, Schuldgefühle zu entwickeln, wenn sich ihr Ich zu unabhängig gebärdete, und sie konnten ihre Unabhängigkeit in ihrer ureigenen Form leben. Ihr verschwundenes Ich tauchte als betrügerisches wieder auf – ganz im Sinne ihrer Erfahrung, dass sie die Eltern in ihren Erwartungen betrogen, wenn sie Ich verwirklichten. Es tauchte auf und trug den Betrug in sich, mit dem es seit je belastet war. Beladen mit dem Verrat, konnte sich dieses Ich nun verwirklichen: Es betrog den Kunstmarkt, ganz im Sinne dieses Musters. Den beiden Beltracchis ist ihr Verständnis ganz wichtig, gemäss dem sie Institutionen betrogen haben, keine Menschen. Sie hätten diejenigen betrogen, die vom Betrug leben.

Um sich selbst zu retten, um ihr Ich nicht ganz zum Verschwinden zu bringen, haben sie andere gefüttert mit dem, wonach sie verlangten, sprich: Sie befriedigten deren Bedürfnisse. Auch der Kunstmarkt wurde entsprechend seinen Bedürfnissen gefüttert und beglückt, auch hier waren die beiden erfolgreich, wie damals zu Hause, als es ihnen gelungen war, die Familie zu stabilisieren und die Mutter und den Vater glücklich zu machen. Und im Rahmen dieser gleichen Dynamik fand das Ich seinen Platz, in der Lücke des anderen konnte es sich ungefährdet ausdehnen, ohne schuldig zu werden, hier konnte es sich verwirklichen.

«Bis zum Zeitpunkt der Haft waren wir
nie mehr als einen Tag getrennt.»

Gefühle, die müde machen

«Ich nehme deinen Schmerz und gebe dir mein Herz dafür», schrieb Wolfgang Beltracchi an seine Frau im Gefängnis. Genauso müssen wir uns die Beziehung der beiden zu ihren Müttern vorstellen, denn mit der kriegsbedingten Abwesenheit der Väter und später deren emotionaler Abwesenheit im Schweigen hatten die Kinder der Nachkriegsgeneration solche reparierenden Funktionen zu übernehmen: Sie hatten ihr Herz der Mutter zu geben und damit deren Schmerz zu übernehmen, und sie waren letztlich mit diesem Schmerz alleine. Denn wohin will ein Kind mit diesem Schmerz, den es nur fühlen, jedoch nicht verstehen und schon gar nicht einordnen kann? Es wird ein Schmerz bleiben, den es ein Leben lang herumtragen wird, der Schmerz des Herzens, das im anderen Körper zu schlagen hat, für zwei schlagen muss, um selber am Leben bleiben zu können. Um die Wärme des anderen Körpers, der Mutter, zu spüren, brauchte es diesen Tausch, ohne diesen Preis gab es keine Nähe.

Für zwei zu schlagen macht müde. Nur für sich selbst zu schlagen macht ebenfalls müde, weil ich dann dem anderen mein Herz vorenthalte und ihn mit seinem Schmerz alleine lasse. Dann macht die Schuld müde. Müde wird dieses Herz auch, weil es nicht herumtollen kann, wie es ihm beliebt, sorglos und im Wissen, dass es damit niemanden beschädigt. Müde macht es, diese Energie zurückhalten zu müssen und sie nicht für das eigene Ich nutzen zu können. Das sei der Preis, den er bezahle, um träumen zu können, sagt Wolfgang Beltracchi. Um in eine schmerzfreie Zone eintreten zu können, geschützt davor, dem anderen sein Herz zu geben und seinen Schmerz zu nehmen.

Im Unterschied zu Erwachsenen, die eine verschmelzende Beziehung aus freiem Willen eingehen, ist es einem Kind in einer solchen Beziehungsstruktur verwehrt, Ich zu sein, unbeschwert zu sein, ohne sich als Verräter und Betrüger zu fühlen. Auch an der Last der Schuldgefühle wird es ermüden, umso mehr, als es sich nicht um eine echte Schuld, sondern um die innere Verpflichtung handelt, das eigene Ich dem anderen zur Verfügung zu stellen, um dessen Schmerzen zu lindern. Auf einer ganzen Nachkriegsgeneration lastet diese Schuldigkeit, dem anderen das Leben erleichtern zu müssen, ihn glücklich machen zu müssen. Ich frage mich, ob diese Schuld nicht weiter tradiert wird, gerade weil sie von der Kriegsgeneration nicht aufgelöst worden ist. Wenn eine Familie sich in einem Boot mit einem Leck befindet, dann arbeiten alle daran, dieses Leck zu reparieren. Die Arbeit am Leck, das der Krieg geschlagen hat, blieb jedoch vorwiegend der Nachkriegsgeneration überlassen. Müssten wir uns, um die Tradierung zu durchbrechen, nicht fragen, wie es zu diesem Leck am Boot einer ganzen Generation kommen konnte?

Gemeinsam

Helene und Wolfgang Beltracchi sind seit nunmehr 30 Jahren zusammen. Ihre Beziehung hat 14 Monate Untersuchungshaft, das Gerichtsurteil und die Gefängnisstrafe – sechs Jahre offener Vollzug für Wolfgang und vier Jahre offener Vollzug für Helene Beltracchi – überstanden. Sie haben ihre Herzen getauscht und ihren Schmerz geteilt; sie haben ein Unternehmen zur Blüte gebracht und zusammen das Geheimnis des Betruges getragen. So kann das Leben dieser zwei miteinander verschmolzenen Menschen durchaus ausgewogen sein. Dieselbe Struktur zwischen einer erwachsenen Person und ihrem Kind hingegen ist untragbar, für das Kind unerträglich, da es im Leben einsam und lustlos wird. Dass sich der junge Wolfgang in Träume retten konnte, ist seiner Kreativität zu verdanken. Ebenso, dass Wolfgang Beltracchi als junger Erwachsener die als Kind erworbene Fähigkeit, in andere hineinfliessen, ihr Empfinden nachempfinden zu können, zu seinem Beruf machte und sich damit selber revitalisieren konnte. So wie er auch sein Herz immer wieder zurückholen konnte, um es in seine Dienste zu setzen.

Und vor allem hat er in Helene Beltracchi eine Frau gefunden, die diese Art der Bindung ebenfalls kennt.

Dieses Zusammentreffen dürfte für beide ein Glücksfall gewesen sein, konnten sich doch ihre Kreisläufe verbinden, zusammenwachsen und schliessen; sie konnten gemeinsame Grenzen gegen aussen errichten, sich gemeinsam wehren, gemeinsam ein Geschäft zum Erfolg führen und gemeinsam die trennende Haft überstehen. Sie haben ihre Strafe abgesessen, die Schulden bezahlt und schaffen nun gemeinsam Kunst.

1 Werner Spies, deutscher Kunstexperte
2 Gemälde von Wolfgang Beltracchi nach Max Ernst
3 Tochter von Helene und Wolfgang Beltracchi, geboren 1993
4 Helene und Wolfgang Beltracchi, *Einschluss mit Engeln, Gefängnisbriefe,* Rowohlt, Reinbek 2014
5 Ebd.

Bild mit weissen Tupfern
Seite 1
Helene und Wolfgang Beltracchi, Selbstporträt
© 2014 Rowohlt Verlag GmbH, Reinbek

Forêt I
Seite 15
Wolfgang Beltracchi in der Handschrift
von Max Ernst
Helene und Wolfgang Beltracchi, Selbstporträt
© 2014 Rowohlt Verlag GmbH, Reinbek

Forêt II
Seite 17
Wolfgang Beltracchi in der Handschrift
von Max Ernst
Helene und Wolfgang Beltracchi, Selbstporträt
© 2014 Rowohlt Verlag GmbH, Reinbek

La Horde
Seite 41
Wolfgang Beltracchi in der Handschrift
von Max Ernst

Schaatsenrijden in een dorp
Seite 48/49
Hendrick Avercamp, ca. 1610
Rijksmuseum Amsterdam
Mit freundlicher Genehmigung
des Rijksmuseum Amsterdam

Der grausame Komet
Seite 53
Wolfgang Beltracchi, 2018 in der Handschrift
von Hendrick Avercamp, 1618
Öl auf Holz, 27 × 22 cm
© Familie Beltracchi, mit freundlicher Genehmigung
der Familie Beltracchi

Gruppenbild Blauer Reiter
Seite 54/55
Wolfgang Beltracchi, 2017 in der Handschrift
von Heinrich Campendonk, 1914
Öl auf Leinwand, 190 × 275 cm
© Familie Beltracchi, mit freundlicher Genehmigung der Familie Beltracchi

Blauer Mäher
Seite 99
Wolfgang Beltracchi in der Handschrift
von Heinrich Campendonk
Helene und Wolfgang Beltracchi, Selbstporträt
© 2014 Rowohlt Verlag GmbH, Reinbek

Rückseite von ‹Blauer Mäher›
Seite 101
Wolfgang Beltracchi in der Handschrift von
Heinrich Campendonk. Porträt Franz Marc
Helene und Wolfgang Beltracchi, Selbstporträt
© 2014 Rowohlt Verlag GmbH, Reinbek

Galerie-Aufkleber
Seite 107
Von Wolfgang Beltracchi kreierte und
nachempfundene Galerie-Aufkleber
Helene und Wolfgang Beltracchi, Selbstporträt
© 2014 Rowohlt Verlag GmbH, Reinbek

Foto der Postkarte ‹Petersburger Hängung›
Seite 121
Es handelt sich um eine vom Ehepaar Beltracchi
rekonstruierte Stillleben-Ausstellung in der Galerie
Flechtheim in Berlin von 1924
Helene und Wolfgang Beltracchi, Selbstporträt
© 2014 Rowohlt Verlag GmbH, Reinbek

Foto der Rückseite dieser Postkarte
Seite 123
«mit freundlichem Gruss für Herrn Professor Achter
Alex Vömel»
© Familie Beltracchi, mit freundlicher Genehmigung der Familie Beltracchi

Nature morte
Seite 125
Wolfgang Beltracchi in der Handschrift
von Fernand Léger, 1913
© Familie Beltracchi, mit freundlicher Genehmigung der Familie Beltracchi

Farbkarte zu Campendonks ‹Bayerische Landschaft›
Seite 192
Helene und Wolfgang Beltracchi, Selbstporträt
© 2014 *Rowohlt Verlag GmbH, Reinbek*

Bilder Seiten 21, 69, 91, 139, 175, 187
Impressionen der Gespräche mit Helene und
Wolfgang Beltracchi in deren Haus und
Stillleben in Wolfgang Beltracchis Atelier.
Fotografin: Jacqueline Weiss

Dieses Buch entstand mit der Unterstützung von:

SWISSLOS
Kanton Aargau

ERNST GÖHNER STIFTUNG

Lektorat: Jeannine Horni
Korrektorat: Kirsten Thietz
Gestaltung und Satz: Vera Reifler
Cover: Camera-obscura-Fotografie von Jacqueline Weiss;
Bildbearbeitung Collage, Lina Bolt und Jacqueline Weiss
Druck, Lithografie & Bindung: DZA Druckerei zu Altenburg GmbH

Verlag Scheidegger & Spiess
Niederdorfstrasse 54
8001 Zürich
Schweiz
www.scheidegger-spiess.ch

Der Verlag Scheidegger & Spiess wird vom Bundesamt für Kultur mit einem Strukturbeitrag für die Jahre 2021–2024 unterstützt.

ISBN 978-3-03942-070-4

Farbkarte zur Bestimmung der Farben
in Campendonks Gemälde
Bayerische Landschaft von 1913

Bayrische Landschaft
allgemein etwas stumpfer!